FACULTÉ DE DROIT DE TOULOUSE

DES MUTATIONS

DE LA PROPRIÉTÉ IMMOBILIÈRE

PAR

Actes entre-vifs

THÈSE POUR LE DOCTORAT

PRÉSENTÉE

Par M. Ernest FERRAS

Avocat

à la Cour d'appel de Toulouse.

TOULOUSE

IMPRIMERIE CENTRALE OUVRIÈRE, J. CLERMONT

43, rue des Balances, 43.

1879

FACULTÉ DE DROIT DE TOULOUSE

DES MUTATIONS

DE LA PROPRIÉTÉ IMMOBILIÈRE

PAR

Actes entre-vifs

THÈSE POUR LE DOCTORAT

PRÉSENTÉE

Par M. Ernest FERRAS

Avocat

à la Cour d'appel de Toulouse.

TOULOUSE

IMPRIMERIE CENTRALE OUVRIÈRE, J. CLERMONT

43, rue des Balances, 43.

1879

FACULTÉ DE DROIT DE TOULOUSE

MEIS ET AMICIS

INTRODUCTION

Les lois générales de l'histoire sont les mêmes que celles de l'organisation sociale. Faire l'histoire de la propriété chez un peuple, c'est dire comment il a produit ses pouvoirs, ses organes, équilibré ses forces, réglé ses intérêts; comment il a vécu, comment il est mort; et la propriété est le principe le plus fondamental à l'aide duquel on puisse expliquer les révolutions.

Et particulièrement la théorie des transmissions de la propriété se modifie et subit l'influence de chaque grand mouvement social comme nous le verrons en la suivant dans son histoire. A Rome, où l'organisation de la propriété est intimement liée à la constitution politique et sociale qui repose dans les premiers temps sur des créations artificielles dominées par un esprit de patriotisme exclusif, la théorie de la transmission se traduit d'abord par des formes grossières mais significatives; elle se simplifie quand le droit perd sa rudesse et son originalité. A mesure que l'esprit juridique des Romains se développe et s'affirme davantage, les mu-

tations s'opèrent sous une forme moins matérielle
et les abstractions juridiques, fruits du travail et de
la pensée humaine, viennent insensiblement rem-
placer les rites solennels qui devaient particulièrement frapper les sens grossiers des compagnons de
Romulus. La tradition suffit pour transférer la propriété et les contemporains de Justinien ne com-
prennent plus la nécessité des anciens symboles qui
ne sont plus pour eux que des vieilleries gênantes
et sans portée.

Chez les Francs, qui connaissent depuis peu la
propriété individuelle, on retrouve dans les formes
de la transmission, la trace de la propriété collective de la tribu. A l'époque féodale, on y voit le re-
flet de la dépendance où sont enveloppées les personnes et les terres.

Dans les temps modernes, la renaissance du droit
romain ramène la transmission par la tradition;
mais la pratique opère à cet égard un travail de
simplification sinon d'amélioration, qui aboutit à
faire considérer la tradition comme réalisée par la
volonté des parties formellement exprimée ; c'est la
supprimer en fait, tout en conservant le principe.
Ce principe lui-même est attaqué par les jurisconsultes philosophes du siècle dernier, qui donnent
au fait abstrait de la volonté, le pouvoir de transférer la propriété. Les idées nouvelles émises par ces
savants trouvent d'ardents défenseurs au sein de
nos assemblées politiques et surtout lorsqu'il s'agit
de donner un Code à la nation.

Mais à côté de cette pratique, où la tradition elle-même n'était plus nécessaire, subsistaient dans les pays du Nord les formalités du nantissement. A la doctrine spiritualiste de Grotius et de Puffendorff, la science économique, se préoccupant de l'intérêt des tiers, répond par l'idée de publicité des droits réels, droits opposables à tous, dont la création doit dès lors pouvoir être connue de tous. De là, une double tendance dans notre droit moderne qui essaie de concilier les deux principes par la distinction de la propriété transmise entre les parties et de la propriété transmise à l'égard des tiers.

Je ne m'occuperai que des transmissions où se trouve le concours simultané de la volonté des deux parties, c'est-à-dire des transmissions entre-vifs et mon travail sera restreint, en droit français, au rôle de la transcription dans les mutations de propriété immobilière.

DROIT ROMAIN

CHAPITRE PREMIER.

Observations générales sur le droit de propriété dans le droit romain primitif.

Dans les États anciens sévèrement organisés, il existe souvent à côté du peuple docile un peuple révolté qui habite les forêts, vit de pillage et confie sa fortune à l'homme entreprenant et audacieux qui sait lui procurer un butin abondant. C'est ainsi que Romulus, proscrit dès sa naissance, rejeté de la caste patricienne d'Albe, parvint à se faire obéir par des aventuriers sans peur mais aussi sans scrupules; il sût choisir avec un instinct merveilleux, pour refuge, l'admirable position de Rome; et il établit son nid d'aigle entre le fleuve, les collines boisées et les plaines marécageuses qui s'étendaient de leur pied jusqu'au Tibre.

Lorsque ces vagabonds eurent bâti des cabanes et que sous l'influence du chef qu'ils s'étaient donnés, ils firent l'essai d'une vie plus régulière, dési-

reux qu'ils étaient de dominer, ils voulurent comme
les aristocraties des peuplades de l'Étrurie, posséder la terre. La possession du sol était, en effet,
chez les Étrusques, le signe de la puissance, la
la puissance même, parce que de vastes domaines
donnaient toute une armée de serviteurs et de
clients. Mais pour distinguer leur champ du champ
de leur voisin, ils ne connaissaient point ces abstractions juridiques que révèle un long enfantement
de la pensée et le travail intellectuel accumulé par
plusieurs générations. Il fallait à ces barbares des
faits qui tombaient sous le sens et le vulgaire aven-
turier qui, mêlé aux luttes du fils de la louve, avait
été élevé par lui aux honneurs du Sénat, croyait
nécessaire pour avertir ses compagnons de la propriété par lui acquise, de leur prodiguer les céré-
monies symboliques. « Lorsqu'une nation en est
encore à son époque féodale et que l'idée abstraite
de morale et d'équité n'a pas encore pénétré dans
les profondeurs de la société, le législateur est obligé
de frapper les sens grossiers de l'homme par des
rites symboliques et des formes palpables qui gra-
vent dans la pensée les actes de la vie civile, qui
lui en rappellent l'importance, qui l'enchaînent aux
obligations qui en découlent (1). »

L'esprit primitif de Rome se manifeste d'un côté
par le culte du dieu Terminus, que la religion consacrait par les plus solennelles imprécations. Celui

_____
. (1) Troplong. Priv. et Hyp, Préface, p. 11.

qui tentait de déplacer les limites, soit par la fraude, soit par la violence, portait à la fois atteinte aux droits divins et humains. D'un autre côté, cette propriété, ainsi délimitée. se transmettait par des modes solennels auxquels les étrangers n'étaient pas admis. En effet, le *jus commercii* qui consistait dans le droit d'être propriétaire *ex jure quiritium* et par conséquent de recevoir et de transmettre la propriété par des modes essentiellement romains ne leur était pas accordé (1). Sans doute, les Romains craignaient de voir ces terres qu'ils avaient souvent acquises au prix de leur sang passer entre les mains de voisins qui auraient attenté à l'autonomie de la ville naissante.

Je viens de parler du droit de propriété. Examinons quelle était sa nature à cette époque reculée avant d'étudier ses modes de transmission.

On ne saurait exactement préciser l'époque à laquelle s'est constituée à Rome la propriété individuelle; ce qui est certain, c'est que ce droit est bien antérieur à la loi des Douze Tables : « D'abord, dit M. Arnault dans sa savante étude sur le *Socialisme et la Commune*, l'homme ne se comprend pas sans la propriété des meubles, n'eût-il que son arc, ses flèches et sa proie. C'est là un droit si naturel, dans le sens que donnaient à ce mot les jurisconsultes romains, *jus naturale*, droit de la nature, qu'on peut dire qu'il est connu des animaux eux-

(1) Ulpien., Frag., 19, Er. IV, tit. V.

mêmes et qu'il se confond avec l'instinct. Mais de plus la société romaine était depuis longtemps, lors de la loi des Douze Tables, partagée en classes selon la fortune, les choses étaient divisées en *mancipi* et *nec mancipi*, suivant la manière d'en devenir *dominus*; le testament était usité; le *pater familias* se créait même un héritier de son vivant par la transmission de la propriété de tous ses biens au moyen de la *mancipatio*... — La loi des Douze Tables n'a donc fait que consacrer un état de choses antérieur. »

Au milieu des obscurités de cette époque primitive, il semble que la propriété ait présenté deux caractères spéciaux; un caractère politique et un caractère religieux. Pour les premiers Romains la propriété privée n'est qu'une émanation de la propriété publique, une concession de l'État. De plus, *l'agrimensor* est au nombre des augures; l'orientation et la limitation des terres ne sont pas un simple bornage destiné à prévenir des contestations entre voisins; c'est une consécration religieuse de la propriété. Aussi la pierre qui doit fixer les limites des deux héritages sera divinisée; et les citoyens viendront offrir des sacrifices au dieu *Terme*.

Cet état de choses se modifia insensiblement; car Rome n'eut point de législateur, comme les cités grecques, et sa constitution fut l'œuvre du temps, des circonstances et des hommes. Sa première politique fut une politique d'envahissement, son pre-

mier territoire fût le fruit de la conquête ; et comme
nous l'avons dit plus haut, elle parût craindre, pendant bien longtemps, que l'étranger ne vint profiter
des sueurs et des fatigues de ses habitants.

Aussi les Romains ne connurent, dans les premiers temps de leur histoire, qu'une seule espèce
de propriété, la propriété du droit civil ou *dominium
ex jure quiritium.* « *Sequitur ut admoneamus
apud peregrinos quidem unum esse dominium;
itaque aut dominus quisque est, aut dominus non
intelligitur; quo jure etiam populus romanus olim
utebatur; aut enim ex jure quiritium unus quisque
dominus erat aut non intelligebatur dominus* (1). »

Comme on le voit par ce passage de Gaius, le
droit civil n'admet qu'une seule espèce de propriété, celle du citoyen romain. Cette propriété provient souvent de la conquête, car le tribut ou le territoire pris sur l'ennemi et distribué aux citoyens
représente pour le Romain la propriété par excellence. Ce *dominium ex jure quiritium* donne sur
la chose une puissance entière (*plenam in re potes-
tatem*), pouvoir d'occuper la chose, d'en retirer tous
les services, tous les produits périodiques ou non,
tous les accroissements, pouvoir de la modifier, de
la diviser, de l'aliéner, même de la détruire, sauf les
restrictions légales, pouvoir enfin de la revendiquer
entre les mains des tiers.

Mais cette propriété privée n'était qu'une émana-

(1) Gaius, Com. 2, p. 40.

tion de la propriété publique; la conquête avait été
l'œuvre commune; l'État consentait à se dessaisir
en faveur des particuliers; et s'il lui arrive plusieurs
fois, au milieu des guerres civiles, de confisquer les
propriétés privées, cette mesure était odieuse, mais
il ne faisait que reprendre ce qu'il avait concédé. Et
si la propriété immobilière ne pouvait s'acquérir
que par les modes du droit civil, c'est afin qu'elle
ne fût accessible qu'à des personnes investies du
droit de cité et que les personnes qui n'avaient point
participé à la conquête, ne pussent en recueillir les
bénéfices.

Le *dominium ex jure quiritium*, comment se
transmettait-il ? *Traditionibus, dominia rerum
non nudis pactis transferuntur* dit la loi 20 du titre
de Pactis, au Code. La propriété ne se transmet
pas par le seul effet du consentement : c'est ainsi
qu'on peut formuler le principe. Le contrat, l'ac-
.cord des volontés ne produit qu'un seul effet; une
obligation civile, une obligation de *dare* (1), qui
n'est exécutée qu'au moyen d'un fait matériel, d'une
tradition ou d'une appréhension entourée de symboles plus ou moins solennels, selon la nature ou
la qualité de la chose aliénée.

Les tiers, la société sont ainsi rendus témoins
de la transmission qui s'accomplit. Le crédit public
(terme un peu osé sans doute à cette époque de
Rome) est affermi et il emprunte à ces manifesta-

(1) *Dare :* expression latine qui signifie transférer la propriété.

tions une assiette sérieuse, la preuve du vol est ainsi rendue plus facile chez ces hommes qui n'ont pas tout à fait perdu encore leurs habitudes de rapines; et toute la cité peu nombreuse peut désigner le vrai propriétaire, grâce au fait matériel qui s'impose aux yeux et à l'esprit de tous.

Avant la loi des Douze-Tables et sous l'empire de cette loi, la propriété se transmettait par trois modes différentes :

1° Par la *mancipatio*;
2° Par l'*in jure cessio*;
3° Par la *traditio*.

La *mancipatio* et l'*in jure cessio*, aliénations solennelles, consacrées par le droit civil étaient accessibles aux seuls citoyens romains ou à ceux qui avaient le *jus commercii*. La tradition mode du droit des gens, existant d'abord concurremment avec les autres modes finit par se substituer à eux. J'étudierai successivement ces divers modes d'acquisition et je rechercherai ensuite comment la tradition a pris la place des deux premiers.

CHAPITRE II

La Mancipation

Après la guerre, la principale occupation des premiers Romains était l'agriculture; il est dès lors tout naturel que pour eux les choses précieuses et d'une utilité considérable fussent la terre, les objets et les animaux destinés à la culture de la terre et les droits se référant au sol comme les servitudes rurales. Un examen attentif des premiers paragraphes du second commentaire de Gaius semble nous l'indiquer. Aussi leur aliénation fût-elle entourée de formes plus solennelles en raison de l'importance qu'elles avaient dans la vie sociale.

En présence de cinq citoyens romains pubères jouant le rôle de témoins, *classici testes*, et d'une sixième personne tenant une balance à la main, *le libripens*, l'acheteur portait la main sur la terre, l'esclave ou le bœuf qu'il achetait et prononçait ces paroles solennelles : *Hunc ego hominem ex jure quiritium meum esse aïo, isqui mihi emptus est hoc ære, æneâque librâ.* (1) Puis il posait sur la balance l'airain prix d'achat et le donnait à celui de qui il recevait la chose mancipée (2).

(1) Cela est à moi d'après la loi des Quirites ; je l'ai payé de ce cuivre dûment pesé.
(2) Gaius, Com. I, par. 119 et suiv.

Ce droit de vendre ou d'acheter par mancipation *(manu capere)*, sans l'intervention d'un magistrat et sans preuve écrite, était un privilége des Quirites et sans doute un de leurs plus anciens usages. Il explique l'importance de cette loi : *Uti lingua nuncupàssit ità jus esto* qui pénétra si avant dans les habitudes des Romains « qu'elle en fit le peuple le plus fidèle à sa parole, mais à la parole littérale, au sens matériel, la bonne foi dût-elle en être blessée, comme aux Fourches caudines, devant Carthage, à Numance » (1).

La présence des témoins était exigée pour assurer, en cas de contestation, la preuve de l'accomplissement régulier des solennités légales ? C'est bien leur seule nécessité si l'on n'envisage que le droit classique. Mais il est probable que dans l'esprit de l'institution, ils représentent les cinq classes du peuple, et c'est pourquoi on les appelle *classici testes* (2). On ne veut pas que la propriété des choses les plus importantes soit transférée sans l'intervention d'une délégation de citoyens romains, et cette même pensée se retrouvera accentuée plus nettement dans l'*in jure cessio*; peut-être les Romains avaient-ils déjà entrevu cette vérité que les droits réels doivent être rendus publics dans leur transmission comme dans leur exercice, par cette raison même qu'ils sont absolus et opposables à tous.

(1) Duruy. Histoire des Romains, 1er édition, I, p. 138.
(2) Aulu-Gelle, XV, 27, § 3.

La mancipation est un typo des ventes primitives d'un peuple qui mesure le métal au poids. Lorsque la monnaie fut frappée d'une empreinte régulière qui garantit la quantité du métal, lorsque la monnaie d'argent surtout eut été introduite, l'usage sérieux et réel de la balance se convertit en usage symbolique.

Cette formalité de la mancipation fit donner aux choses qui devaient être transmises de la sorte l'appellation de *resmancipi* (1) Cette appelation est antérieure à la rédaction de la loi des Douze Tables, car le paragraphe des *Fragmenta vaticana* dit textuellement : *Et mancipationem et in jure cessionem Lex XII Tabularum confirmat*.

La loi des Douze Tables nous apprend encore que la mancipation est une forme du Nexum (2) qui constituait à l'origine le mode commun de contracter ou d'éteindre une obligation et non point seulement de transférer la propriété. « *Cùm nexum faciet mancipium que, ùti linguà nuncupássit, ita jus esto. (Tabula sexta).*

La solennité de la mancipation était suivie de la rédaction d'une sorte de cahier des charges dit *lex mancipii*, qui réglait les clauses et conditions de la vente.

Mais la mancipation transférait-elle la possession en même temps que la propriété? Pour les

(1) Gaius. Com. II, par. 22.
(2) Le nexum est toute solennité civile qui implique l'intervention de l'œs et libra.

meubles qui devaient être transportés et présents au lieu où l'acte s'accomplissait, la mise en possession résultait du même fait que l'acquisition de la propriété. Mais la propriété des immeubles, qui pouvaient être mancipés de loin, passait sur la tête de l'acquéreur sans qu'il fût mis pour cela en possession. La tradition ne résultait pas nécessairement de la mancipation (1); en un mot, l'aliénateur pouvait, comme nous dirions aujourd'hui; être encore tenu de la délivrance après la mancipation.

La mancipation était un *actus legitimus* du pur droit civil. Interdite aux étrangers qui n'avaient pas obtenu le *jus commercii*, pouvait-elle intervenir dans la transmission d'une *res nec mancipi?* Certainement, mais d'une manière indirecte, par déduction ou rétention. Ainsi lorsqu'on mancipait la nue-propriété d'un immeuble, on retenait l'usufruit qui se trouvait ainsi constitué indirectement par une mancipation, bien que l'usufruit fût une chose *nec mancipi*.

X. Gaius, Com. II, par 201; Com. IV, par 131.

CHAPITRE III

L'In jure cessio.

Nous retrouvons ici comme dans la mancipation l'esprit primitif du droit romain qui est caractérisé par la prédominance de la forme sur le fonds, la détermination rigoureuse du nombre et du rite des actes juridiques que l'on plie par toutes sortes d'efforts ingénieux aux buts les plus divers et les plus éloignés de leur destination primitive. Fort souvent, d'ailleurs, ces formes subsistaient dans leurs applications dérivées après avoir perdu leur destination originaire. C'est ainsi que la procédure des *legis actiones* depuis longtemps bannie des affaires contentieuses pour lesquelles elle avait été créée, se conservait encore dans la vindicte, dans l'adoption et dans l'*in jure cessio*.

En effet, l'*in jure cessio* se présente sous la forme d'un procès fictif. Image de la revendication telle qu'elle était pratiquée sous le système des *legis actiones*, elle s'effectue nécessairement devant le magistrat. Les deux parties se rendaient à Rome devant le préteur, en province devant le président. Celui qui voulait devenir acquéreur revendiquait la chose comme lui appartenant : « *Hunc ego hominem ex jure Quiritium meum esse aio.* » Le préteur interrogeait le cédant pour savoir s'il contestait cette prétention ; et sur son silence ou sa réponse négative, le préteur déclarait le revendiquant propriétaire, *ei qui vindicaverit eam rem addicit.*

Ce mode de transmission qui existait déjà à l'époque de la loi des Douze Tables, avait été emprunté au premier système de procédure des Romains. Ce n'était que le simulacre du *sacramentum,* la plus ancienne et la plus caractéristique des *legis actiones.* Les anciennes règles avaient cependant disparu ; les parties devaient, sans doute, agir par elles-mêmes dans l'*in jure cessio* et elles ne pouvaient pas se faire représenter par un mandataire, mais elles n'étaient plus tenues de déposer le *sacramentum* ni de se rendre sur les lieux litigieux, lorsqu'il s'agissait d'un immeuble. Le revendiquant n'était plus obligé de toucher l'objet avec une baguette qu'il tenait à la main, dans l'origine ; cette baguette représentait une lance qui était elle-même le symbole de la propriété chez ce peuple pour qui la guerre est un moyen d'acquérir par excellence (1).

Les *res mancipi* comme les *res non mancipi* étaient susceptibles d'être transmises par l'*in jure*

_____

(1) Gaius. Com. IV, par. 16.

cessio. Néanmoins cette forme d'aliénation n'était pas fréquemment usitée parce qu'il était inutile de recourir au préteur ou au président de la province pour faire avec plus de difficultés une aliénation des *res mancipi* qu'il vous était loisible de faire par vous-même en présence de vos amis. Et il est évident que la tradition devait être le mode préféré pour les *res nec mancipi*. Aussi l'application la plus usuelle de *l'in jure cessio* se présentait en matière de servitudes personnelles et de servitudes réelles urbaines. De tels droits, en effet, ne comportaient ni la mancipation puisqu'ils étaient *res nec mancipi*, ni la tradition, puisqu'ils étaient *res incorporales :* (1) *l'in jure cessio* était donc le seul mode volontaire de les constituer *jure civili*.

L'*In jure cessio* perdit toute son utilité après que l'on eut reconnu la possibilité d'une *quasi-traditio* pour constituer une servitude. Elle était complétement abandonnée dans la pratique lorsqu'elle fut formellement supprimée par Constantin, en même temps que toutes les formules solennelles : *Juris formulæ, aucupatione syllabarum insidiantes cunctorum actibus radicitus amputentur* (2).

(1) Gaius. Com. II, par. 28.
(2) Code II, 58, loi 1.

CHAPITRE IV

La Tradition.

PREMIÈRE PARTIE

La tradition est un mode d'acquérir du droit des gens qui s'appliquait particulièrement aux choses *nec mancipi*. Son rôle fut modeste à l'origine ; on a même contesté son existence comme moyen de transférer la propriété, lors de la rédaction de la loi des Douze Tables. Mais la distinction des choses *mancipi* et *nec mancipi* existait dès cette époque et il faut bien admettre la tradition comme mode de transmission pour les choses *nec mancipi* auxquelles pendant longtemps fût bornée son application. D'ailleurs le bon sens nous dit, à défaut de textes précis, que les formalités de la mancipation et de l'*in jure cessio* ne pouvaient point s'appliquer à des choses d'un achat journalier et de minime importance.

On a discuté sur le point de savoir si l'on acquérait ainsi le *dominium ex jure quiritium*. Des auteurs ont soutenu que les *res mancipi* étaient seules sus-

ceptibles de cette propriété, et que les *res nec mancipi* étaient en dehors du droit civil et n'étaient gou-
vernées que par les règles du droit des gens. Une
pareille manière de voir amène comme conséquence
inévitable et forcée à reconnaître l'existence de
deux sortes de propriété dont les effets auraient
été différents, aux premiers temps de l'histoire de
Rome. Mais nous voilà dès lors en contradiction
avec Gaius qui nous dit expressément au § 40 de
son second commentaire : *Sequitur ut admoneamus
apud peregrinos quidem unum esse domininium;
itaque aut dominusquisque est, aut dominus non intelligitur; quo jure etiam populus romanus olim
utebatur; aut enim ex jure quiritium unus quisque
dominus erat, aut non intelligebatur dominus.* »
Et puisque les Romains ne reconnaissaient que ce
genre de propriété, il fallait qu'il s'appliquât à toutes choses. En outre, des textes de Gaius et d'Ulpien reconnaissent que du blé, du vin choses *nec
mancipi* peuvent appartenir à une personne *ex jure
quiritium.* Ulpien ne dit-il pas particulièrement (1).
« *Traditio propria est alienatio rerum nec mancipi : harum rerum dominia ipsa traditione appre-
hendimus.* » L'opinion contraire serait enfin incon-
ciliable avec les paroles de *l'in jure cessio* qui,
nous l'avons vu, s'appliquait aux choses *nec mancipi* comme aux choses *mancipi.*

(1) Ulpien, XIX, par. 7.

Quel effet produisait la tradition lorsqu'elle avait pour objet une *res mancipi*? Transférait-elle le *dominium*? Etait-elle impuissante lorsqu'elle s'appliquait à des choses qui ne pouvaient être aliénées que par des modes solennels?

Les Romains furent de tout temps des jurisconsultes pratiques qui surent accomoder leurs principes juridiques qui paraissent de prime abord si absolus surtout à l'époque où fut rédigée la loi des Douze Tables avec les difficultés qui ne manquaient pas de surgir dans l'application. Evidemment il eût été irrationnel de voir la tradition produire des effets identiques à *l'in jure cessio* et à la mancipation dont les formules eussent été dès lors parfaitement inutiles; et, dans cette circonstance va poindre cette particularité du droit romain qui consiste dans la conservation des mêmes textes législatifs que le préteur et les prudents appliqueront insensiblement mais progressivement d'une façon plus large, sans en modifier la lettre.

Les magistrats appréciant la bonté de la tradition ne la laissent pas sans effet à l'égard des choses *mancipi*; elle ne sera pas immédiatement un mode de transfert de la propriété; mais elle donnera à *l'accipiens* la possession de la chose tradée et cette possession mettra celui-ci en situation d'usucaper. L'usucapion, mode d'acquérir du droit civil, le rendra propriétaire, au bout d'un an pour les meubles, de deux ans pour les immeubles. Mais jusqu'au moment où l'usucapion sera accomplie, le *tradens* pourra revendiquer contre l'*accipiens*, car il sera resté le véritable propriétaire.

Le préteur ne devait pas rester inactif en présence de cette violation flagrante de l'équité; profitant des lumières de ses prédécesseurs, des conseils des prudents et de la fréquentation des étrangers, il modifia par une série de disposition consécutives la situation injuste qui était faite à l'*accipiens* par le *strictums jus civile*.

Il est à remarquer que par leurs conquêtes les Romains se trouvèrent forcément en rapport avec les étrangers dont ils eurent comme magistrats à régler les intérêts. La nécessité s'imposa donc à eux de comparer les diverses législations des peuples et comme ils y trouvèrent certaines dispositions partout reproduites, ils en vinrent à penser qu'elles avaient leur fondement dans la nature humaine. Ils comprirent alors l'éternelle rivalité qui existe entre la loi étroite, *jus strictum*, que la cité décrète et l'équité naturelle, *æquum*, que l'humanité réclame, que la raison impose et que les siècles appliquent progressivement. De la réunion de ces dispositions spéciales à certains peuples et en réalité d'une application générale, ils firent le droit commun des nations civilisées, *jus gentium*, qui s'établit non pas à la place, mais à côté de l'ancien droit, *jus civile*. Le grand jurisconsulte Scœvola commença cette révolution plus d'un siècle avant

Actium ; et depuis l'équité fût incessamment invo-
quée pour adoucir les règles rigoureuses du droit
décemviral qui, sans abrogation expresse de l'ancienne loi, se trouva peu à peu transform é en une
loi nouvelle.

Les agents les plus actifs de cette transformation
furent les préteurs. Sur tout ce qui n'était pas réglé
formellement par la loi ou par l'usage, c'est-à-dire
dans la plus part des cas, ces magistrats romains
avaient, dans les limites de leurs attributions, un
pouvoir discrétionnaire. Pour éviter l'arbitraire, on
les astreignit à faire connaître avant leur entrée en
fonctions, sous la forme d'un édit, les principes
qu'ils suivraient et la loi Cornélia (1) leur interdit
d'y déroger dans leurs actes. Ils insérèrent dans
ces édits une foule de règles de droit privé, des
formules d'actions adaptées à tel ou tel contrat. La
lettre de la loi s'opposait-elle au principe nouveau
qu'ils voulaient introduire, ils s'en tiraient par une
fiction. Ainsi l'édit du préteur s'appuyait en apparence sur le droit civil tout en empruntant ses
prudentes innovations à la coutume et aux be-
soins nouveaux signalés par les intérêts et par les
jurisconsultes.

Il arriva un temps où l'édit du préteur, la loi an-
nuelle, *lex annua*, comme l'appelle Cicéron, à la
rédaction de laquelle les jurisconsultes les plus
expérimentés prenaient part, composa une législa-

(1) An 67, av. J.-C.

tion plus considérable que la législation officielle contenue dans les Douze Tables et les lois subséquentes. La plus grande partie de l'édit devint traditionnelle *edictum tralaticium*, les nouveaux préteurs respectant d'ordinaire l'œuvre de leurs devanciers ou se bornant soit à y ajouter, soit à en retrancher quelques articles. Ainsi se forma le droit prétorien, souple et mobile, à côté du droit immuable de la loi quiritaire.

Ces considérations générales sur le rôle important joué par les préteurs à Rome, nous expliquent comment cette révolution dans les modes de transmission a pu s'opérer d'une façon imperceptible, insensible, sans choquer les esprits et en suivant toujours une marche opportune et progressive. Nous avons vu *l'accipiens* en face *du tradens* qui pouvait impunément revendiquer, si la chose *mancipi* avait été tradée à titre de donation ; si la tradition était faite à la suite d'une vente, il le pouvait encore, mais en s'exposant à des dommages-intérêts. Le préteur commence par accorder l'exception de dol opposable seulement au *tradens* et à ses successeurs universels, mais non à ses ayants-cause particuliers. Si l'auteur du dol avait la qualité de patron ou d'ascendant du possesseur, l'exception de dol n'était pas applicable.

Cette exception était insuffisante ; elle ne protégeait pas l'acheteur contre la mauvaise foi de son vendeur qui aurait mancipé à un tiers l'objet déjà vendu ; elle n'était pas opposable au *tradens* lui-même, quand il était l'ascendant ou le patron de *l'accipiens* (1). Le préteur complète alors la première garantie qu'il vient d'accorder et il donne à *l'accipiens* une seconde arme défensive pour lutter contre la revendication, *l'exceptio rei venditæ (vel donatæ) et traditæ*.

Il était impossible au magistrat de s'arrêter dans la voie de l'équité où il était entré et après avoir procuré à *l'accipiens* ces armes défensives qui devaient le mettre en état de repousser les prétentions injustes de son *tradens* le préteur Publicius crée à son profit l'action publicienne. Le possesseur était protégé, en effet, jusqu'à ce que l'usucapion fût accomplie ; s'il venait à être dépossédé, il ne pouvait pas prendre l'offensive et revendiquer entre les mains du détenteur, puisqu'il n'avait pas d'action de droit civil, n'étant pas propriétaire. Grâce à cette nouvelle action prétorienne, le possesseur *in causa usucapiendi* agira *in rem*, comme si l'usucapion avait été réellement accomplie, et le juge se demandera, non point si le demandeur est propriétaire, mais s'il l'aurait été au cas où le délai de l'usucapion se serait accompli. Voici quelle était la rédaction de *l'intentio* dans la formule de cette action : *Si quem hominem Aulus Ageriusemit et is ei traditus est anno possedisset, tum si cum hominem,*

(1) Dig., liv. XLIV, tit. IV, loi 4, par. 16.

*de quo agitur, ejus ex jure quiritium esse oppor-
teret* (1).

Les jurisconsultes romains caractérisaient cet
état nouveau du possesseur en disant qu'il avait la
chose *in bonis*, et, dès lors, deux sortes de propriété
furent instituées à Rome : Le *dominium ex jure
quiritium* régi par les principes du droit civil et
l'*in bonis* régi par les édits du préteur. Cette forme
nouvelle eut l'avantage d'être accessible aux pérégrins eux-mêmes, comme le prouve un passage de
Théophile (2).

Insensiblement d'ailleurs, l'*in bonis* dépassa le
cercle étroit de sa première application. Il fournit
au préteur un procédé régulier et que ne contredi-
sait pas directement le droit civil, pour accorder,
quand il le jugeait convenable, un droit de propriété à des personnes auxquelles l'ancienne législation n'en voulait pas reconnaître. Ainsi, quand à
côté et en dehors des hérédités testamentaires ou
légitimes, il créa le système des *bonorum posses-
siones*, il fit du *bonorum possessor* un simple
propriétaire bonitaire. Telle fut la forme invariable
que revêtit le droit de ceux au profit de qui il créa,
sans la volonté ou contre le gré du propriétaire, une
justa causa possidendi.

L'*accipiens* avait le droit de jouir et de disposer
de la chose qu'il avait *in bonis* ; il avait la *potestas*

(1) Caius, Com. IV, par. 36.
(2) De libertini, par. 3.

dominica sur les esclaves et il pouvait les affranchir; mais il ne pouvait pas aliéner la chose par les modes du droit civil; il ne pouvait ni manciper, ni *in juscedere*, mais seulement transmettre par tradition un droit de même nature que celui qui lui appartenait. Quant au *nudus dominus ex jure quiritium*, il ne conservait que le droit de revendiquer contre tout tiers détenteur, autre que celui qui a la chose *in bonis*, et au cas d'inaction de ce dernier.

Ces deux genres de propriété existèrent long-temps côte à côte; mais l'*in bonis* devait à la longue, cependant, tendre en fait, à se rapprocher de la propriété quiritaire. Il avait tous les avantages réels et utiles de cette propriété et la marche progressive du droit devait amener nécessairement la disparition des différences nominales qui distinguaient sa situation de celle du propriétaire du droit civil. Le fait devait nécessairement devenir le droit. L'usage de la mancipation et de l'*in jure cessio* se restreignit insensiblement; la suppression de la procédure formulaire confondit presque la revendication et la publicienne et effaça la différence la plus saillante entre les exceptions et les défenses tirées du fond; enfin Justinien dépouille les *res mancipi* de leur caractère particulier et il porte le dernier coup à toute distinction entre les divers genres de propriété en supprimant d'une manière générale le *nudum dominium ex jure quiritium*. Ce droit, dit-il, banni de la pratique et devenu un énigme, n'apparaissait plus que dans les écoles où il était l'épouvantail des étudiants à leur début (1).

Désormais, toute cause qui donnait anciennement l'*in bonis* dut donner le *dominium ex jure quiritium*. Ainsi l'unité qui avait été le point de départ de la législation romaine, en fut aussi la conclusion; mais la conception de la propriété ne perdit pas pour cela le caractère humain et large que lui avait imprimé le préteur; je veux dire qu'elle resta accessible aux pérégrins et que le seul mode volontaire de l'acquérir, fut un mode du droit naturel, ce fut la tradition (2).

Il ne serait point juste de terminer l'étude de cette transformation dans la manière de transférer la propriété par actes entre-vifs en droit romain, sans parler d'un personnage dont l'action fut aussi efficace, en cette matière, que celle du préteur. A chacun sa gloire et le prudens prit une part considérable à cette révolution.

Le prudens ou jurisconsulte était d'ordinaire, à Rome, un homme de bonne naissance qui, n'ayant pu ou n'ayant voulu se faire orateur, fuyait les agitations du forum et mettait sa science à la disposition de ceux qui voulaient être éclairés sur les questions douteuses, renseignés sur les meilleures formes de contrats ou d'actions et qui tenaient à être en garde contre les nullités dont la procédure

(1) Les voies, C. De usu. jur. Quir. VII, 25.
(2) Accarias, tom. I, p. 654, seconde édition.

était hérissée. Sa porte était assiégée dès l'aurore, *sub galli cantum*, nous dit Horace, par une foule empressée de clients. Il donnait ses conseils avec autorité et on les recevait avec respect ; c'étaient des oracles qu'il rendait du haut de son trône, ainsi qu'on nommait le siége sur lequel il prononçait ses consultations. En justice, son opinion terminait presque toujours un procès. Nous sommes les prêtres du droit, *sacerdotes juris*, dit Ulpien.

Les légistes de Rome ont conquis un empire plus vaste et plus durable que celui de ses légions.

CHAPITRE V.

La tradition sous Justinien.

Sous Justinien, et après avoir fait table rase des
formules solennelles, comme nous venons de le
voir, nous retrouvons tout d'abord un principe dont
j'ai fait mention au commencement de ce travail.
« *Traditionibus et usucapionibus, dominia rerum
non nudis pactis transferuntur* (1). Il est bon de le
rappeler : en droit romain, le seul effet du consentement est impuissant à transférer le droit de propriété. Jamais la convention ne suffit à opérer le
transport ni de la propriété ni d'aucun droit réel
reconnu par le *jus civile*. Son effet se borne à
créer des obligations, et encore pour cela faut-il
qu'il s'agisse d'une convention classée parmi les
contrats. Aucune législation n'a plus nettement que
celle des Romains séparé les modes de s'obliger et
les modes d'aliéner. Parmi ces modes d'aliéner par
actes entre vifs, deux ont disparu, la tradition reste
seule ; il nous faut examiner comment elle va fonctionner.

Traditio est possessionis datio (2). Nous ne re-

(1) Loi 20, C. de Pactis.
(2) Pothier, du domaine de propriété, n° 191.

trouverons pas dans la langue française de terme aussi énergique pour bien rendre le transfert qui résulte de la tradition et les définitions que nous pourrons nous escrimer à découvrir, seront toujours loin de rendre aussi bien notre pensée. La tradition, dirons-nous, est la remise de la possession faite, avec *justa causa*, par une personne à une autre personne. Cette dernière acquiert la possibilité physique de se servir de la chose et d'en écarter toute action étrangère. Quelle est la nature de ce droit de possession qui va se trouver au bout de la tradition et dont l'utilité doit être grande puisque les jurisconsultes romains et le préteur le donnent comme résultante du seul mode d'aliéner par actes entre vifs qui subsiste ?

La possession est l'exercice conscient du droit de propriété sur une chose. Ce mot là éveille avant tout l'idée d'une personne placée en contact matériel avec une chose; il exprime le fait de la détenir, de l'avoir physiquement à sa disposition. Considérée à ce seul point de vue, la possession est dite simple détention, et on appelle *nuda traditio* l'acte qui consiste à remettre volontairement à un tiers cette détention matérielle de la chose sans abdiquer l'*animus domini*, l'esprit de propriété.

Mais si à ce fait se joint, avec ou sans droit, la volonté de traiter la chose comme sienne, on dira que le détenteur possède. D'où il suit que la possession implique deux éléments, l'un corporel, le

corpus, et l'autre intellectuel, *l'animus*. Ainsi conçue, elle est l'exercice du droit de propriété; sans
doute elle ne le prouve pas, mais elle en est le signe
probable, et elle le fait présumer. En effet, on ne
peut pas acquérir la chose d'autrui sans qu'elle
cesse d'appartenir à son premier maître; et alors il
y a, non-seulement acquisition d'un côté, mais aliénation de l'autre. Celui qui veut acquérir devra,
conformément aux règles du droit des gens, prendre possession de la chose; et lorsque pour arriver
à la propriété, ou prendre possession d'un objet
quelconque, il faudra recevoir cette possession du
propriétaire même, on la prendra avec son consentement. Alors la propriété est acquise *per tradi-
tionem*, car la tradition, je l'ai déjà dit, n'est qu'une
remise de la possession. Et si quelque obstacle empêche la propriété de suivre la possession, il naîtra
de la propriété même; car la chose précédemment
acquise à une personne ne peut cesser de lui appartenir, ni conséquemment passer à un nouveau
maître, sans le fait ou le consentement du premier.
Ainsi, dans la vente, le vendeur livre pour toucher
un prix, et la translation de propriété n'entre dans
son intention que secondairement. Il faut donc supposer qu'en livrant sa chose, il ne veut faire qu'une
obligation conditionnelle. Aussi, malgré la tradition, l'acheteur ne devient propriétaire qu'après
avoir payé le prix. Néanmoins, il se peut qu'en
livrant la chose, le vendeur entendît l'aliéner immé-

diatement, et, indépendamment du prix pour le paiement duquel il s'en rapporterait à l'acheteur : c'est là ce qu'on appelle *fidem emptoris sequi*.. Dans ce cas, la tradition transfère la propriété par cela seul que le vendeur l'a voulu (1). Toutefois, cette volonté ne se présume pas, et la preuve, à moins qu'elle ne résulte des circonstances, doit en être fournie par l'acheteur (2).

Des développements peuvent se résumer ainsi : c'est que la tradition, pour produire ses effets, doit procéder *ex justa causa*. On entend par *justa causa* toute affaire juridique qui fait supposer chez le *tradens* l'intention d'aliéner, et chez l'*accipiens* l'intention d'acquérir. C'est ce qu'indique le jurisconsulte Paul, d'une manière formelle, quand il dit : *Numquam nuda traditio transfert dominium sed ita si venditio aut aliqua justa causa praecesserit* (3). Gaius, et après lui Justinien, s'expriment de la même façon : *Si ex causa donationis, aut dotis, aut qualibet alia ex causa traduntur (praedia) sine dubio transferuntur* (4).

Ces textes considèrent le contrat ou la convention qui entraîne la volonté de transférer la propriété comme étant la *justa causa traditionis*. Et si, en effet, comme le dit Gaius : *Nihil est tanc conveniens*

(1) Venditore tantummodo volente (Dioclé. et Maxime.), et quia ait. ve ait.

(2) L'article 1583 C. c., reprenant cette doctrine qui était passée dans le droit coutumier : « La vente est parfaite.., quoique la chose n'ait pas été livrée ni le prix payé.

(3) Dig., 41, 1. Loi 31, praem.

(4) Inst., Justin., II, 1, par. 40; Gaius, II, par. 20.

naturali æquitati quam voluntatem domini, volentis rem suam in alium transferre, ratam haberi (1). Il faut que cette volonté soit constatée, par un fait quelconque indépendant de la tradition. Mais dès que l'intention des parties est certaine et que la tradition intervient, la propriété est transférée; et il en est ainsi, que cet accord des volontés résulte d'un contrat obligatoire, comme la vente, d'une simple convention, comme l'échange, ou d'un autre fait juridique emportant obligation d'aliéner, comme le legs *per damnationem*.

Ainsi, lorsqu'il s'agira de transférer la propriété d'une personne à une autre, celle-ci devra posséder comme propriétaire, et sa volonté ne sera pas moins indispensable pour acquérir, que celle de l'autre personne pour aliéner. Sans leur consentement respectif, il ne s'opère aucune translation; mais lorsque l'un a remis la chose avec intention de l'aliéner, et que l'autre s'en est saisi avec intention de l'acquérir, il importe peu de savoir quelles auraient été d'ailleurs les causes déterminantes de leurs volontés respectives; pourvu que les parties s'accordent sur l'objet, on ne s'arrête pas à la dissidence qui pourrait exister entre elles *circa causam dandi atque recipiendi*.

Le jurisconsulte Julien déclare avec raison que la tradition est efficace dans tous les cas où chacune

(1) Cod., II, 3, loi 20.

des deux causes différentes que les parties ont en
vue implique par elle-même l'intention réciproque
d'aliéner et d'acquérir, et il dit (1) : « Cum in corpus
» quod traditur consentiamus, in causis verò dis-
» sentiamus, non animadverto cur inefficax sit tra-
» ditio : veluti si ego credam me ex testamento
» tibi obligatum esse, ut fundum tradam, tu existi-
» mes ex stipulatu tibi eum deberi. Nam et si pecu-
» niam numeratam tibi tradam donandi gratià, tu
» eam quasi creditam accipias : constat proprieta-
» tem ad te transire, nec impedimento esse quod
» circa causam dandi atque accipiendi dissenseri-
» mus. »

Cette doctrine est contredite par Ulpien (2) ; et
dans l'espèce que nous venons de rapporter, ce
jurisconsulte, constatant qu'il n'y a ni donation, ni
mutuum, ne reconnaît pas que la tradition soit valable en tant qu'acte translatif de propriété. Il fait
remarquer que chaque partie poursuit un but qu'elle
ne peut pas atteindre. S'il y a évidemment accord
réciproque sur le transfert de la propriété, l'accord
manque sur le but que chaque partie a poursuivi
par ce transfert, et les volontés ne concordent pas.

Nous pensons que la manière de voir d'Ulpien
ne fût qu'une opinion isolée, et que celle de Julien
fût celle de tous les jurisconsultes du temps classique.

(1) Dig., 11, 2, loi 36.
(2) Dig., 12, 1, loi 18.

Une *justa causa* est donc indispensable pour la validité de la tradition, mais elle ne suffit pas et déjà nous avons constaté que la possession n'était acquise à celui qui détient la chose que lorsqu'il la détient avec intention, *corpore et animo*, tandis que l'acquisition de la propriété ne suppose essentiellement ni le *corpus*, ni l'*animus*. On peut devenir propriétaire, en effet, sans avoir la chose à sa disposition physique; par exemple, en cas de mancipation ou d'*in jure cessio*. On peut être propriétaire à son insu, sans en avoir l'intention; par exemple, lorsqu'un héritier nécessaire est investi de la succession avant même de connaitre sa qualité; tandis que la possession n'est acquise que lorsque ces deux éléments concourent ensemble (1); peu importe, d'ailleurs, que cette coexistence du *corpus* et de l'*animus* se soit concentrée dès le début ou que l'un des deux eût précédé l'autre.

§ 1. — *Corpus.*

Le *corpus* consiste dans la faculté physique d'user et de disposer d'une chose lorsqu'on le voudra. Ainsi, des marchandises déposées dans un grenier ont été achetées, en quelque lieu que les clefs de ce grenier aient été remises, pourvu que celui à qui elles sont remises, sache où se trouve le magasin, la tradition des marchandises qui y sont doit être censée faite.

J'ai choisi cette hypothèse de préférence à tout

(1) *De acquir. vel amitt. posses. Loi 3, par. 1,*

autre, parce que des difficultés s'étaient élevées
entre les anciens romanistes sur le point de savoir
si la tradition ne devait pas consister dans une remise matérielle à l'acquéreur et une préhension
corporelle de sa part. Et ces auteurs se trouvant
en présence de nombreux textes qui proclamaient
l'existence de la tradition, sans que cette appréhension corporelle existât, avaient imaginé à côté
de la tradition réelle qui d'après eux se traduisait
par une remise matérielle, toute une série de traditions feintes qu'ils avaient désignées par les
expressions de *tradition symbolique (longæ manûs,
brevis manûs)*, et feinte proprement dite, selon les
circonstances dans lesquelles ces traditions se produisaient.

Étaient-ils dans le vrai et fallait-il, pour qu'il y
eût une véritable tradition, supposer chez l'*accipiens*
un contact physique avec la chose! Fallait-il manier
ou toucher le meuble? Était-il nécessaire de par-
courir l'immeuble en tout ou en partie? Peut-être
ce formalisme puéril s'imposa-t-il très-anciennement
à l'esprit de quelques jurisconsultes mais ceux de
l'époque classique le répudiaient sans hésiter, et,
à leurs yeux, le *corpus* consistait seulement, comme
nous l'avons dit, dans la faculté d'user et de disposer de la chose dès qu'on le voulait. Un fragment
de Paul notamment indique expressément que le
contact matériel n'est pas nécessaire pour qu'il y ait
prise de possession légale, c'est-à-dire tradition :

« *Non enim corpore et actu necesse uprehendere possessionem, sed etiam oculis et affectu* (1) ». M. de Savigny a été l'un des plus ardents promoteurs de cette campagne contre les systèmes émis par les anciens romanistes (2). Partout où la possession existe, écrit du Courroy, il est inutile de recourir à des suppositions gratuites, d'imaginer qu'à défaut de tradition réelle, il existerait des traditions fictives, et, par exemple, de dire que la remise des chefs est une *tradition symbolique* des marchandises contenues dans le magasin. Une clef quelconque ne peut jamais être le symbole des vins ou des blés que renferme ma cave ou mon grenier.

Le système des anciens commentateurs basé sur la nécessité dn contact matériel de la chose les amène nécessairement à de nombreuses exceptions dont on restreint le nombre si on admet que le *corpus* consiste dans la remise de la chose à la disposition de l'acheteur ; et tou' les hypothèses de traditions feintes sont des subtilités auxquelles il n,est pas nécessaire de recourir.

Quel était, en effet, dans le droit romain le but de la tradition ? C'était selon nous de donner un caractère apparent à l'acte juridique ; nous pensons que les Romains avaient entrevu la nécessité de donner aux transports des droits réels un élément de publicité. Cet élément fût la tradition. Telle a été

(1) De aquireoda posses. Dig. loi 1, par. 21.
(2) Traité de la possession, par 11 à 19.

sa raison d'être, son but. Du moment où elle ne le remplit pas, c'est peut-être céder à un sentiment de fausse logique que de vouloir la trouver quand même.

Aussi dans la tradition dite *brevis manûs* quand, par exemple, je vous vends une chose que vous détenez déjà à titre de prêt, nous ne saurions admettre qu'il y ait tradition. Pothier pense d'ailleurs que dans ce cas le transfert de la propriété a lieu par simple consentement. Pourquoi vouloir, en effet, dédoubler la tradition? l'un des éléments, le *corpus*, passerait à l'*accipiens*, tandis que le *tradens* conserverait l'*animus*. La tradition demeurerait ainsi en suspens pendant un temps fort long pour opérer un jour, d'une façon occulte le transfert de la propriété en réunissant chez l'*accipiens* l'*animus* au *corpus*.

Quel est alors la raison d'être d'une pareille tradition? Nous n'insisterons pas sur cette idée. Qu'il nous suffise de rappeler que Gaius avait complétement admis dans ce cas le transfert de la propriété sans tradition : *Interdùm etiam sine traditione nuda voluntas domini sufficit ad rem transferendam veluti si rem quam commodavi aut locavi tibi aut apud te deposui vendidero tibi.* Sous Justinien, le point est indiscutable et l'opinion de Gaius est à peu près textuellement rapportée au § 44 du liv. II, tit. I des Institutes.

Et de cette hypothèse où il n'y a pas lieu à la

tradition nous pouvons rapprocher une hypothèse
inverse. J'acquiers de vous la propriété d'une
chose que vous continuerez à garder à titre de prêt
ou de bail. Il y a alors *constitut possessoire*. Nous
allons voir que là encore le transport de la propriété s'est effectué sans aucune tradition. Il y
aurait, d'après les uns, une double tradition feinte :
par une première tradition la propriété est passée
à l'acheteur qui, a moyen d'une deuxième tradition, a rendu la possession au vendeur. Selon les
autres, il n'y a qu'une seule tradition feinte: l'acheteur a la chose à sa libre disposition, c'est là le
corpus ; il y a volonté réciproque d'une part d'aliéner, de l'autre d'acquérir, voilà l'*animus* ; et ainsi
se trouvent dans le constitut possessoire les deux
éléments de la tradition.

Mais cette deuxième opinion repose à notre avis
sur une erreur. L'acheteur n'a pas la chose à sa
libre disposition, car il n'y a pas un instant de dis-
continuité dans la possession du vendeur qui ne
cesse pas de détenir l'héritage. Un des éléments de
la tradition, le *corpus*, n'existe donc pas.

Quant à la première opinion qui voit deux traditions successives dans ce contrat, elle complique
inutilement une opération juridique bien plus simple les deux traditions sont deux traditions feintes,
dont aucun fait extérieur ne vient manifester l'accomplissement. Quelle peut être dès lors leur utilité ? N'est-il pas plus simple et plus rationnel

d'admettre que la convention a supprimé ici la tradition ? Sans doute l'intérêt social n'est peut-être pas suffisamment protégé par cette transmission occulte, mais les autres opinions le défendent-elles mieux ?

Nous venons de voir dans le constitut possessoire la propriété transportée d'une personne à une autre soit, comme nous le disons, par le seul effet de la convention, soit, comme le disent les partisans quand même de la tradition, par une tradition du moins invisible au regard des tiers. Il n'est peut-être pas téméraire de conjecturer que la pratique des transports de propriété ainsi occultes a été l'une des causes de l'invention et du développement de l'Insinuation sous les empereurs chrétiens.

En effet, la loi Cincia étant tombée en désuétude, on vit apparaître à sa place une théorie nouvelle, celle de l'insinuation. Il faut entendre par là la copie ou peut-être la simple analyse de l'acte de donation sur les registres du magistrat supérieur ou du juge local. Cette formalité déjà usitée mais non obligatoire au temps des jurisconsultes (1), fût imposée pour toutes donations et à peine de nullité, par l'empereur Constance Chlore, et cela beaucoup moins dans le but de provoquer le donateur à la réflexion que pour assurer la publicité de la

(1) Frag. Tatic., par. 266 et 268.

donation et en conserver la preuve (1). Plus tard
cette exigence fut limitée aux donations supérieures
à deux cents solides.

§ 2. — *Animus.*

L'*Animus* consiste dans la pensée bien arrêtée
de se comporter comme propriétaire et c'est pourquoi on l'appelle *animus domini*; mais cet *animus*
n'implique ni la croyance que l'on est vraiment propriétaire, ni même l'intention ou l'espérance de le
devenir. Celui qui a l'*animus* a nécessairement
conscience de sa possession et de son étendue ; par
suite, il ne possède pas le trésor gisant à son insu
dans les fonds (2). Et nous devons ajouter que les
personnes incapables d'avoir une volonté sont
nécessairement incapables d'acquérir la possession
par elles-mêmes ; néanmoins la jurisprudence avait
fini par admettre que l'*infans* autorisé de son tuteur pouvait acquérir la possession (3).

Nous avons raisonné, jusqu'à présent, comme si
le *corpus* et l'*animus* se réalisaient l'un et l'autre en
la personne même de celui qui acquiert la possession. Mais pouvait-on devenir possesseur en empruntant soit le *corpus*, soit l'*animus* d'un tiers ?

D'après les principes du droit civil, chacun doit

(1) Ex le théod. de sponsal. III, 3, 14 1.
(2) Du Caerroy. Tom. Ier, p. 313, 4e édition.
(3) De acquirenda vel amitt. poss, L. 32, par. 3.

agir par soi-même dans les actes de la vie civile. Le rituel même des paroles que l'on prononçait dans la *cessio in jure*, par exemple, s'opposait à ce qu'un tiers pût y figurer pour vous. Sans doute l'esclave ou le fils de famille peuvent figurer dans une mancipation. Mais l'esclave, par exemple, lorsqu'il acquiert, ne figure point pour le maître ; l'acquisition se réalise en sa personne même. Seulement comme il est lui-même la propriété du maître, tout ce qui lui appartient appartient au maître, par une conséquence logique.

Mais dans la tradition, institution du droit des gens uniquement basée sur l'équité, il n'est pas nécessaire que l'*accipiens* exécute lui-même le fait matériel de la tradition. Posséder une chose, c'est l'avoir en sa puissance, comme sienne, et dès lors, on comprend que l'on peut avoir une chose en sa puissance, sans la détenir par soi-même. Le fait matériel de la tradition peut-être rempli par une autre personne, du consentement de celui qui acquiert ; on peut se faire représenter (1). Et même il n'est pas nécessaire, pour que la tradition transfère la possession que le consentement donné par celui au profit de qui la tradition s'effectue, soit un consentement formel et spécial ; il suffit d'un consentement général et implicite. Ainsi, lorsque je charge quelqu'un de l'administration de mes affaires, je suis censé lui avoir donné par là un consentement

(1) De acquir. rerum dom. Loi 9, par. 4.

général à toutes les ventes qu'il fera pour cette administration et par suite, la tradition qu'il fera des
choses vendues, étant faite de mon consentement,
en transférera la possession (1).

De même, on peut acquérir la possession par le
ministère d'une personne qui vous représente, par
le fait d'autrui, pourvu que ce fait concoure avec
l'intention personnelle de l'acquéreur. « *Per procu-
rationem placet acquiri possessionem et per hanc
possessionem etiam dominium.*

Mais le *dominium* n'est jamais acquis à la personne par qui je possède. Ainsi lors même que la
possession est acquise *per extraneam personam*,
c'est par soi et non par d'autres qu'on acquiert la
propriété.

Ce fait de pouvoir acquérir *per procuratorem*
nous donne l'explication du ₰5, du tit. 2, liv. IX des
Institutes où il est dit: *Placet non solum scienti-
bus sed et ignorantibus nobis adquiri possessionem.*
Justinien n'a point voulu dire que si un étranger,
gérant mes affaires sans que je le sache, reçoit
pour moi une chose, j'en acquiers la possession
avant d'en avoir connaissance ; il exprimait cette
pensée que lorsque j'ai donné mandat de recevoir
à quelqu'un, ma volonté conçue et donnée à l'avance
suffit de ma part pour qu'il y ait intention suffisante ; la possession m'est acquise du moment que
mon procureur ou mandataire reçoit la chose et non

(1) *Eod. loco citato.*

pas seulement du moment où je sais qu'il a reçu. C'est en ce sens que la possession m'est acquise à mon insu, *etiam ignoranti* (1).

Je terminerai cette partie de mon travail relative au droit romain par une remarque sur les effets de la tradition quant au transfert ou à l'acquisition du droit de propriété qui était au bout de la remise de la possession.

Le droit de propriété était absolu, en droit romain, et quant à l'étendue de son exercice et quant à sa durée. Il ne pouvait pas être concédé *ad tempus*. Aussi la perpétuité de ce droit ne pouvait pas être modifiée dans la *mancipatio et l'in jure cessio* dont les formules étaient solennelles et n'admettaient ni terme ni condition : « *Actus legitimi qui recipiunt diem vel conditinem, veluti mancipatio acceptilatio, hereditatis additio..... in totum vitiantur per temporis vel conditionis adjectionem* (2). »

Il n'en était point ainsi lorsque la conditon ou le terme était simplement convenu entre les parties et n'était point inséré dans la formule.

La tradition, au contraire, basée sur l'équité et l'intention probable des parties, pouvait être affectée d'un terme ou d'une condition suspensifs, quant à la transmission même de la propriété. Les textes

(1) Ce point avait fait doute entre les jurisconsultes jusqu'à Septime Sévère. C'est lui qui trancha la question et avait que la possession nous était acquise *etiam ignorantibus*. Mais bien avant il était reconnu qu'on pouvait acquérir la possession *per extraneam personam*. C'est ce qu'admettait déjà Labéon qui vivait sous Auguste. (Dig., De adq. vel amitt. possess. Loi 14, par. 1).

(2) Dig..... 11. Loi 11.

nous disent que le *mutuum* est susceptible de condition (1). Mais lorsqu'il s'agissait d'un terme *ad quem,* ou d'une condition résolutoire, comme la condition ou le terme résolutoires auraient porté sur la tradition ellle-même en tant qu'acte translatif, la transmission ne se serait pas opérée. En effet, la tradition n'aurait transmis qu'un droit temporaire qui ne pouvait pas être le droit de propriété perpétuel de son essence qui, dès lors, n'aurait pas existé juridiquement. On tournait la difficulté et la condition ou le terme résolutoire n'affectaient pas la transmission elle-même, mais portaient sur le contrat ou la convention qui la motivait, sur *la justa causa traditionis.* Le terme arrivé ou la condition réalisée, *l'accipiens* qui était devenu acquéreur purement et simplement, à titre perpétuel, n'était point dépouillé de son droit *ex ipso facto ;* mais le *tradens* exerçait contre lui une *condictio* qu'il puisait dans la clause affectant la *justa causa traditionis.*

Ulpien proposa d'accorder une *actio in rem utilis* au vendeur dans tous les cas où la *condictio* lui appartiendrait (1). C'était reconnaitre au *tradens* le droit de revendiquer la chose après l'évènement de la condition résolutoire, c'était appliquer le principe : *Resoluto jure dantis resolvitur jus accipientis.* L'innovation était grave ; elle entrainait comme conséquence, la translation de la propriété *ad tempus ;* mais elle présentait, en revanche, un

(1) Dig. Liv. XXXIV, tit. VI. Lois 19 et 20.

grand avantage : la condition étant réalisée ou le terme survenu, le droit de l'*accipiens* était résolu et en même temps étaient anéantis tous les droits réels qu'il pouvait avoir consentis sur l'objet. Aussi la règle posée par Ulpien prit, sous Justinien, la place de l'ancien principe, et la propriété put toujours être transférée *ad tempus : Constitutum est fieri posse temporales donationes et contractus* (1).

Ce qui prouve bien que telle a été la marche des choses, c'est un remaniement curieux d'une constitution dont les *Fragmenta vaticana* nous ont rapporté la première rédaction. On lit, en effet, au § 283 de ces *Fragmenta : Si rerum tuarum proprietatem dono dedisti, ità ut post mortem ejus qui accepit ad te rediret, donatio irrita est, cùm ad tempus proprietas transferri nequi verit.* Ainsi en l'an 286, sous les empereurs Dioclétien et Maximien, la propriété ne peut pas être transportée *ad tempus,* la doctrine du temps classique est toujours en vigueur malgré les brèches qu'ont pu lui faire les propositions rapportées dans les textes de Marcellus, Ulpien, etc. Si maintenant nous nous reportons au code de Justinien, nous y retrouverons cette même constitution, avec sa date soigneusement conservée. Mais elle a été remaniée par les compilateurs, de façon à lui faire dire tout le contraire de ce qu'elle disait primitivement : *Si*

(1) Cod. Liv. VI, tit. XXXVII, C. 26.

*rerum tuarum proprietatem dono dedisti, ità ut
post mortem ejus qui accipit ad te rediret, donatio
valet, cùm etiam ad tempus certum vel incertum
ea fieri potest, lege scilicet quæ ei imposita est
conservanda* (1). Ainsi la donation de propriété,
faite de façon à ce que la chose revienne à un
moment déterminé à son ancien propriétaire, est
valable; la translation de la propriété *ad tempus*
est formellement admise; le système d'Ulpien
triomphe.

Disons, enfin, qu'une opinion, très en faveur en
Allemagne, consiste à prétendre que la propriété
résoluble, ou pour mieux dire *ad tempus*, a toujours
été admise dans le droit romain (2). Mais il suffit, pour
réfuter cette opinion, de se reporter à un paragraphe
remarquable des *Commentaires* de Gaïus. Il suppose un cas où le gage a été donné par un débiteur
à son créancier, comme cela se faisait anciennement,
c'est-à-dire par le transport de la propriété selon
les modes ordinaires avec contrat de fiducie. Si la
propriété temporaire avait été admise au temps de
Gaïus, comme le prétend l'opinion que nous com-
battons, c'était ici le cas où jamais; car le débiteur
ne devait évidemment avoir abdiqué la propriété
que jusqu'au moment où il aurait payé, et le créancier ne l'avoir reçue que jusqu'à ce même moment;
donc elle aurait dû faire retour au débiteur dès le

(1) Code 8, 5, loi 2.
(2) Vangerow, Lehrbuch, par. 86.

paiement et par le fait seul du paiement. Il n'en
était rien cependant; il fallait une rétrocession par
le créancier au débiteur. Celui-ci n'avait que l'action
personnelle *fiduciæ* pour obtenir cette rétrocession
par les modes ordinaires; la seule faveur qu'on lui
eût faite avait été d'admettre une usucapion plus
facile, *usucapio lucrativa*, qui s'accomplissait sans
bonne foi et par le délai d'un an. Elle s'appelait
usureceptio (1).

(1) Gaius, Com. II, par. 59 et 60.

ANCIEN DROIT FRANÇAIS

CHAPITRE PREMIER

Epoques gauloise et germanique.

L'histoire de nos anciennes institutions comprend
trois grandes périodes : La première s'étend jusqu'à l'organisation du système féodal et embrasse
les temps reculés où les Romains et les peuplades
germaniques viennent successivement disputer la
possession du sol aux propriétaires primitifs, aux
Gaulois. La seconde, qui n'est pas la moins intéres-
sante, car elle est caractérisée par un état de choses
qui a marqué d'un sceau particulier l'histoire de
notre vieille France, est la période féodale; elle
s'étend environ du IXe au XIIIe siècle. Ces deux
premières périodes présentent surtout un intérêt
historique. C'est principalement dans la troisième

période, dite *période coutumière*, que nous retrouverons une véritable affinité avec notre droit actuel et une grande similitude dans les principes juridiques et leurs applications pratiques.

Il nous serait fort difficile de parler longuement de la transmission de la propriété immobilière chez les Gaulois. César, en effet, l'auteur et l'historien de la conquête romaine, ne nous en a rien dit. Nous savons, il est vrai, par lui que la propriété immobilière individuelle existait chez les Gaulois, car il nous apprend que les Druides étaient juges des contestations qui pouvaient s'élever au sujet des limites des propriétés. Mais comment cette propriété était-elle transmise ? César ne nous en dit rien.

La législation gauloise a disparu en même temps que le druidisme. Les Druides étaient à la fois prêtres, législateurs et juges; aussi leur influence était immense. Craignant sans nul doute de la voir diminuer, ils prirent un moyen radical pour empêcher que les nobles et le peuple ne fussent initiés à la science du droit ou aux dogmes religieux dont la connaissance était le principal élément de leur puissance. Les préceptes juridiques et religieux, rédigés en vers, furent confiés seulement à la mémoire des Druides qui, durant un noviciat de vingt ans, les recueillaient de la bouche des prêtres plus anciens et toute rédaction écrite en fut interdite sous les peines les plus sévères.

César et les empereurs comprirent que la con-

quête des Gaules ne serait point complète, tant que
les Druides resteraient en face des légions romaines
pour prêcher la guerre et entretenir chez les tribus
gauloises l'amour de l'indépendance et le culte des
institutions celtiques. Ces prêtres étaient d'autant
plus redoutables qu'ils formaient une vaste confé-
dération et venaient périodiquement de tous les
points de la Belgique, de la Celtique et de l'Aquitaine tenir des assises sur les confins du pays Char-
train. Aussi les efforts de la politique romaine por-
tèrent sur l'abolition de la religion druidique. Avec
elle toute l'organisation celtique s'effondra, et, lorsque les Barbares venus des bords du Rhin et d'au-
delà envahirent la Gaule, ils trouvèrent une province
romaine.

La législation romaine avait insensiblement
rayonné au dehors de Rome, en Italie; et de là, sur
les réclamations incessantes des peuples tributaires
qui étaient las d'être opprimés et dépouillés sans
compensations, elle avait apparu par de là les monts
et les mers, et Caracalla avait accordé le droit de
cité à toutes les provinces. Les fonds provinciaux
insusceptibles de propriété quiritaire n'existaient
plus avec leur organisation primitive; ils avaient été
assimilés aux fonds italiques en même temps que
leurs habitants étaient devenus des citoyens romains
qui étaient régis par le droit romain transformé où
l'élément ancien était représenté par les écrits des

jurisconsultes désignés par la loi des citations (1),
et l'élément nouveau par le Code Théodosien et les
Novelles des empereurs.

L'invasion des peuplades germaniques vint juxta-
poser les lois barbares à côté de ce nouveau droit
romain. En effet, tous ces peuples laissèrent subsister la législation des vaincus, quelques-uns
même adoptèrent certains principes du droit romain, et chacun fut soumis à la loi de sa race et de
son origine. Les lois furent donc personnelles et de
leur fusion insensible naquit notre droit coutumier.

L'uniformité de la loi romaine fût d'abord atteinte
par l'occupation de l'Aquitaine par les Visigoths, et
de l'Est de la Gaule par les Bourguignons, vers le
milieu du quatrième siècle. Ces derniers partagèrent
les propriétés privées ; ils firent de chaque terre
deux parts, dont l'une fût attribuée à un Bourguignon et l'autre demeura entre les mains de l'ancien
possesseur. Il résulta de ce partage que le lot attri-
bué à chaque Bourguignon, le sors, fût inaliénable,
car son lot aliéné, le Bourguignon n'aurait eu qu'à
se représenter pour s'en faire attribuer un second.

Après les Visigoths et les Bourguignons, vinrent
les Germains, descendants des Cimbres et des Teu-
tons, descendants des soldats d'Arioviste, venus

(1) Valentinien III, par une Constitution de l'an 426, ne reconnaît plus force
de loi qu'aux ouvrages des cinq jurisconsultes : Papinien, Paul, Gaïus, Ulpien
et Modestin.

des sombres forêts et des contrées marécageuses
de la Germanie. Ils s'avancèrent en tribus nombreuses, convoitant les richesses et le sol gallo-romain,
et fuyant leur pays triste et humide. Les uns s'établirent au nord et au centre : c'étaient les Francs ;
les autres, les Allemands, demeurèrent au nord-
est. Les Francs avaient un droit à l'état de coutumes, et ces coutumes rédigées par écrit formèrent
la loi Salique et la loi Ripuaire qui nous instrui-
ront sur les institutions barbares. Nous l'avons déjà
dit, ces lois nouvelles ne furent point imposées aux
Gallo-romains ; elles continuèrent seulement à régir
les tribus qui les avaient apportées avec elles au
moment de la conquête.

La loi Salique ne nous donne pas des détails certains sur l'organisation de la propriété immobilière
chez les Germains, alors qu'ils habitaient au-delà du
Rhin. César nous apprend qu'ils ne connaissaient
pas la propriété individuelle des immeubles, avant
la conquête : « Nul parmi eux, dit-il, n'a de champ
déterminé, ni de terrain qui soit sa propriété, mais
tous les ans les magistrats et les chefs distribuent
des terres aux peuplades en tels lieux et quantités
qu'ils jugent convenable et les obligent à se trans-
porter ailleurs les années suivantes (1). » La constitution guerrière des tribus était cause de cette
absence de propriété individuelle, et les Germains
craignaient que l'habitude de cultiver le même

_____

(1) César. Com. VI, p. 22.

champ, en attachant l'homme à la terre, ne lui fit
négliger les armes pour l'agriculture ; c'est du moins
le motif qu'en donne Tacite (1). Les meubles, c'est-à-
dire les armes, les chevaux, les troupeaux et sans
doute la chaumière qui servait d'abri étaient seuls
l'objet d'une propriété individuelle.

Les barbares connurent la propriété individuelle
des immeubles par leurs rapports avec les Romains.
En effet, aux IIIe et IVe siècles, certaines tribus, notamment les Francs Saliens, qui habitaient sur les
confins de la Gaule et se permettaient de fréquentes
incursions sur le territoire gallo-romain, obtinrent,
en qualité de lettres ou alliés, des concessions de
terres, sous la double condition de la culture du sol
et du service des armes pour la défense de l'empire.
Ces terres étaient possédées individuellement. Plus
tard, les Francs pénétrèrent dans la Gaule, non point
comme alliés, mais comme conquérants et ils se
partagèrent le sol, fruit de leurs fatigues et de la
victoire.

Et dès lors la propriété immobilière fut indivi-
dualisée. Elle put se transmettre par la tradition qui
prit plusieurs formes symboliques. La propriété fut
transmise *per ramum, per festucam, per cespitem.*
Cette branche, ce fétu, cette motte de terre était le
symbole qui représentait l'immeuble. Mais la famille
avait un droit de co-propriété et de co-possession
sur ces terres qui provenaient de la conquête et qui

(1) Tacite, de Mor. Germ., 14, 15, 25, 26.

étaient considérées comme formant l'allode, le bien
par excellence. Aussi le possesseur d'un de ces
propres ne pouvait se dépouiller qu'avec le consentement de ses héritiers, comme le constate, du reste,
au XIII° siècle, le *Coutumier d'Artois* (chap. 21),
qui indique les conditions requises pour l'aliénation
d'un bien patrimonial. L'aliénation devait procéder :
1° ou avec l'assentiment de son hoir; 2° ou au cas
de pauvreté jurée; 3° ou par voie d'échange avec
un autre héritage.

Plus tard, dans le droit coutumier, la nécessité du
consentement des héritiers à une aliénation se trans-
forma; ils ne furent plus appelés à consentir actuellement au dépouillement de leur auteur; mais ils
eurent le droit de reprendre le bien vendu entre les
mains de l'acquéreur en lui restituant le prix et les
loyers coûts du contrat : c'est l'origine du retrait
lignager.

Cependant une propriété de nature différente
vint, bientôt après la conquête, se placer à côté de
la propriété patrimoniale. Les Germains purent acquérir, en dehors des terres reçues lors du partage,
de nouveaux immeubles soit de leurs compagnons,
soit des Gallo-Romains. Ces biens acquis, ces ac-
quêts formaient entre leurs mains des biens entièrement libres, auxquels s'appliquaient des règles différentes de celles des propres. Cette opposition entre
les deux sortes de biens a toujours persisté dans le

droit coutumier et notamment au point de vue des
règles de la disponibilité (1).

Ce qui caractérise la transmission à l'époque germanique, c'est à la fois son caractère symbolique
et la présence de la tribu. En effet, la propriété était
transférée d'après des formes solennelles qui étaient
exigées pour attribuer la saisine, droit de possession juridique qui appartenait à une personne sur
une chose. La possession n'était point distincte de
la propriété, et celui qui avait la saisine d'une chose
en était en même temps propriétaire ; et dès
qu'une personne était ensaisinée, elle acquérait toutes les actions relatives à la chose et notamment
l'action réelle.

Le vendeur était parfaitement libre de se dépouiller de la saisine dont il était nanti sur une
chose. Mais comme nous l'avons déjà dit, la famille
était copropriétaire, et lorsque le chef, le *pater familias* comme on disait en droit romain, se dépouillait, tous les héritiers étant investis d'une saisine collective étaient tenus de s'en dessaisir pour
que l'aliénation devint définitive. Par suite de la so-
lidarité qui existait entre tous les membres de la
famille germanique, ils avaient entre eux des droits
et des devoirs réciproques ; et de même qu'ils devaient payer la composition pour le membre de la
famille insolvable, de même ils se succédaient entre

(1) Nous retrouverons cette distinction en droit coutumier.

eux, et le chef ou tout autre ne pouvait pas disposer seul des biens au profit d'un étranger.

Lorsqu'il s'agissait d'une donation, les formes de
l'ensaisinement étaient beaucoup plus compliquées
que pour les transmissions à titre onéreux. En effet, celui qui voulait se dépouiller à titre gratuit de
tout ou partie de son patrimoine ensaisinait, au
moyen de la *festuca*, un intermédiaire qui, faisant
acte de propriétaire, entrait dans la maison et y recevait des hôtes pour marquer sa prise de possession. Au bout de douze mois, il transmettait à son
tour au donataire définitif, mais, durant ce laps de
temps, les héritiers pouvaient former opposition à
la libéralité du chef de la famille; et s'ils n'usaient
pas de ce droit, ils étaient censés participer au fait
de leur auteur et transférer la saisine collective qui
leur appartenait.

Le désaississement du donateur avait lieu dans
l'assemblée du canton, dans le Mallumbergum, pro-
voquée *par le longinus*, présidée *par le comes*
(comte) et composée des hommes libres ou Rachimbourgs. Celui qui se déssaisissait jetait un fétu
de paille dans le sein de celui qui devait recevoir en
déclarant qu'il se dépouillait à son profit, et immédiatement avait lieu la prise de possession en présence de témoins (1).

(1) Les formules du temps nous ont conservé la pantomime du gage livré
à l'acheteur de la terre, celle de la branche d'arbre, du bâton, du couteau, du
glaive; remis entre ses mains en présence des Rachimbourgs, témoins du passage de la possession d'une tête sur une autre, et constatant cette subs\titution
effective d'un maître à un autre réellement ensaisiné. Le gazon était le symbole de la terre, la branche d'arbre le signe des produits qui ornent la superficie; le bâton, le couteau, le glaive, l'indice de la maîtrise et de l'autorité du
propriétaire qui a le droit de commander et même de détruire. — Troplong.
De la Transcrip., n° 4.

Cette formalité portait le nom d'*affatomiæ*. Elle parut bientôt trop compliquée pour les aliénations onéreuses à titre particulier, et on remplaça la possession de douze mois par le consentement actuel des héritiers à l'aliénation. Ainsi la nécessité de l'intermédiaire qui devait posséder avant de transmettre à l'acquéreur définitif, disparaissait, et l'acquéreur transmettait directement à son acquéreur au moyen de la *festucatio*.

La tradition faite sans ces solennités ne transmettait pas la propriété. Aussi, quand on traitait en dehors du mall, fallait-il donner au vendeur caution de parfaire l'investiture devant le comte. La loi Ripuaire exigeait, en ce cas, que la tradition fût faite, selon l'importance de l'immeuble, en présence de trois, six ou douze témoins, et autant d'enfants. Le prix était payé, et la possession prise devant tous. A l'origine, les Francs ignoraient l'écriture, la preuve testimoniale était seule possible : on donnait des soufflets aux enfants et on leur tirait les oreilles, pour qu'ils pussent se ressouvenir plus tard et rendre témoignage devant l'assemblée du canton (1).

(1) Et quicumque de parvulis alapas donet et torqueat auriculas, ut si in post modum testimonium præbeant :L. rip. tit. LX).

CHAPITRE II.

Époque féodale.

La France s'était insensiblement couverte de fiefs et de censives, soit tout d'abord à cause de l'appui que les faibles et les opprimés trouvaient dans l'Église qui jouissait, sous les rois carlovingiens, de l'autorité morale la plus considérable et la plus respectée, soit plus tard à cause de l'abandon que les petits propriétaires faisaient de leurs alleux aux grands tenanciers qui les transformaient en bénéfices. Les fiefs à terres nobles avaient leur origine dans les concessions de terre que les rois francs faisaient à leurs antrustions, ou que ceux-ci faisaient eux-mêmes à l'imitation des rois; ces concessions d'abord viagères devinrent héréditaires et prirent le nom de fiefs. Les censives étaient des terres roturières et prirent leur origine des abdications que les petits propriétaires faisaient entre les mains des grands, pour se placer sous une protection devenue nécessaire à une époque de décadence et de dissolution. C'étaient des biens dont une personne avait la propriété et une autre la jouissance, à charge d'une somme payée *in recognitionem domini* et non en représentation des fruits.

Point de saisine en fief sans investiture et sans foi (1). Point de saisine en censive sans vest et devest par le seigneur (2). La transmission de la propriété se fait toujours sous forme de tradition symbolique ; car le censitaire ou le vassal ayant le domaine utile, perçoit les fruits et exploite comme il l'entend. Mais n'ayant pas le domaine direct, il ne peut pas disposer du bien sans le consentement du seigneur. Ce n'est plus dans l'assemblée du canton que la transmission est effectuée, c'est devant le seigneur, celui de qui relève la terre dont on veut transférer la propriété. Il faut qu'il y ait dessaisinement de l'ancien maître et ensaisinement de l'acquéreur. Pour cela, le vendeur rapportait l'héritage entre les mains du seigneur par raim et baston, c'est-à-dire par une branche qui en est le symbole. Les héritiers présomptifs étaient aussi présents et renonçaient aux droits qui pouvaient leurs échoir. Puis, le seigneur, après avoir pris l'avis de ses hommes ou juges, saisissait l'acheteur en lui disant : « Je vous en saisis, sauf tous droits », et il lui mettait dans les mains le bâton, c'est-à-dire l'héritage (1).

Les coutumiers parlent rarement des alleux parce qu'ils étaient devenus très rares dans la France féodale. Il est difficile de déterminer d'une manière

---

(1) Grand. Coutumier, liv. II, chap. XXVII.
(2) Idem. Chap. XXI.
(1) Coutumier d'Artois, chap. XXIV, par. 8, 12.

générale comment s'opérait leur transmission; mais nous voyons qu'en certains pays, vers la fin de l'époque féodale, il fallait que le nouveau propriétaire fût investi de la propriété par le juge ordinaire qui remplaçait ici l'ancienne assemblée des hommes libres, présidée par le comte. Point de saisine en alleux, sans ensaisinement par le juge ordinaire (1).

La transmission accomplie avec les diverses formalités dont il a été question, on en dressait acte sur un registre qui restait déposé au greffe de la justice seigneuriale et Brillon nous apprend en son *Dictionnaire des arrêts (Ensaisinement)* que « les ensaisinements doivent être écrits sur un registre en bonne forme; le registre doit être communiqué indifféremment à tout le monde ».

Cette formalité est un véritable progrès et devient l'origine de notre transcription moderne. Elle avait été introduite dans l'intérêt des seigneurs, afin qu'ils pussent toujours savoir à qui et depuis quand avaient été aliénés les fiefs de leur mouvance; elle profita aux tiers en organisant une sorte de publicité de la propriété et se conserva dans les pays de nantissement où persévéra la nécessité de l'ensaisinement.

(1) Coutume de Paris, art. 112.

CHAPITRE III

Temps modernes.

Au commencement du XII⁰ siècle un professeur fameux, Irnérius, vint enseigner le droit romain de Justinien, à Bologne, et ses leçons eurent un immense retentissement. Il laissa quatre disciples célèbres, qui attirèrent la jeunesse autour de leurs chaires. Tous étaient entraînés par la clarté scientifique de ces principes juridiques qui séduisaient les intelligences avides d'instruction et de lumière au milieu du chaos du moyen-âge : et, à Paris, comme dans toute l'Europe, l'étude du droit romain excita un très grand enthousiasme. Dans le Midi, où les traditions romaines étaient toujours vivaces, les jurisconsultes se firent les apôtres des principes nouveaux ; tandis que dans les pays du Nord, où l'influence romaine n'avait jamais été bien profonde, les coutumes féodales ne furent guère modifiées par ce nouvel enseignement. Aussi l'on vit se dessiner alors une différence plus marquée entre l'esprit des coutumes du Nord et des institutions du Midi, différence que l'on a caractérisée relativement à la transmission de la propriété en appelant le Nord, « pays de nantissement » et le Midi, « pays de tradition ». Nous allons retenir cette division, car elle est trop importante pour pouvoir être négligée.

Pays de tradition.

Les pays de tradition ou de droit écrit étaient les provinces du Midi qui avaient fait partie jadis des royaumes des Visigoths et des Bourguignons. Ils furent compris plus tard dans les ressorts des Parlements de Grenoble, Aix, Toulouse et Bordeaux. Le Mâconnais, le Lyonnais, le Beaujolais, le Bugey, le Valromey, le pays de Gex, la Franche-Comté, la Suisse, la Savoie, une partie de l'Auvergne et de la Basse-Marche, étaient aussi pays de tradition.

A l'époque où l'on commence à faire la distinction entre les pays de coutume ou de nantissement et les pays de tradition, ceux-ci suivaient le droit romain antérieur à Justinien. Il ne faudrait pas croire qu'ils adoptèrent le droit romain de cet empereur tel qu'il est dans ses sources; mais ils le prirent tel que l'ont fait les commentateurs avec leur théorie de tradition feinte, et la pratique le défigura encore davantage en spiritualisant de plus en plus la tradition.

Le pacte de constitut, la clause de précaire étaient devenus d'un usage fréquent pour constituer en pos-

session le vendeur qui restait possesseur pour le
compte de l'acquéreur. Il en était de même de la
clause de rétention d'usufruit, et certaines coutumes
avaient formellement énoncé cette règle : *Equipolle
rétention d'usufruit à tradition réelle et actuelle* (1).
On en arriva à admettre que la clause par laquelle
l'aliénateur déclare qu'il se déssaisit de la chose et
qu'il en saisit l'acquéreur, était censée renfermer
une tradition feinte qui équipolle à une tradition
réelle : c'est la clause de *dessaisine-saisine* (2). ·

Mais, pour que la tradition feinte résulte de cette
clause, il faut trois choses : 1° Que cette clause soit
interposée dans un acte notarié; 2° que le vendeur ou
donateur qui déclare ainsi se dessaisir, soit lors de
l'acte en possession réelle de la chose ; 3° que depuis l'acte, le vendeur ou donateur ne soit plus de-
meuré en possession de l'héritage et qu'il l'ait laissé
vacant, de manière que l'acheteur ou donateur eût
faculté de s'en mettre en possession quand bon lui
semblerait (3).

Ces conditions remplies, l'acte notarié qui renfermait la clause de dessaisine-saisine, était translatif
de propriété en vertu de cette clause. Dès lors, il
n'y avait qu'un pas à faire pour reconnaître que la

(1) Coutume de Meaux, chap. III, art. 13. Coutume de Sens, art. 230 ;
Coul. de Paris, art. 173.
(2) Dessaisines et saisines faites pardevant notaire de cour laie de la chose
aliénée valent et équipollent à tradition de fait et possession prise de la
chose, ainsi qu'il soit requis autre appréhension,
(3) Pothier. Traité de la Propriété, 213.

propriété pouvait se transmettre par la seule convention, et cependant le droit coutumier n'en est
jamais arrivé à cette solution. En fait, néanmoins,
ce résultat était presque obtenu, car la clause devint
de style dans tous les contrats. « Parmi nous, dit
Argou, on met toujours dans les contrats de vente
une clause par laquelle le vendeur se dépouille
et se démet de sa propriété et de la possession de
la chose vendue pour en saisir l'acquéreur. Dès le
moment que le contrat est parfait et accompli, tous
les droits qui appartiennent au vendeur passent
en la personne de l'acquéreur, de sorte que si le
vendeur était propriétaire, l'acquéreur devient aussi
propriétaire.

Mais si la nécessité de la tradition est conservée
comme principe dans la législation positive, elle est
attaquée au point de vue du droit naturel par les
jurisconsultes philosophes et principalemnnt par
Grotius et Puffendorf (1). Ce dernier disait notamment que le domaine de propriété peut être considéré comme une qualité purement morale, en vertu
de laquelle une chose appartient à quelqu'un : rien
n'empêche dès lors, dans les termes du pur droit
naturel, que le droit puisse passer d'une personne
à une autre par une simple convention.

(1) Puffendorf. De droit de la nature et des gens, liv. IV, chap. IX, p. 8. —
Grotius., De jure belli et pacis. Liv. II, chap. VI, par. 4, art. 2.

Nous verrons quels ont été les principes suivis sur ce point par nos législateurs du Code civil. Etudions auparavant comment s'opérait la transmission de la propriété dans les pays de nantissement.

SECTION II

Pays de nantissement.

Étaient pays de nantissement : le Boulonnais,
Amiens, Péronne, Vermandois, Saint-Quentin, Sen-
lis, Reims, Chauny et les Pays-Bas. Comme on le
voit, les pays de tradition comprenaient la majeure
partie de la France, et encore faut-il noter qu'il
existait de grandes variétés dans les coutumes de
nantissement, soit quant aux formes du nantissement qu'on désignait sous le nom de devoirs ou
œuvres de loi, soit quant à la nature des biens qui
y étaient soumis. La tradition était insuffisante pour
transférer la propriété; ' fallait la mise en possession solennelle par le seigneur, l'investiture féodale. Sans doute, l'accomplissement des formalités
de l'investiture n'était pas de l'essence du contrat
de vente lui-même; mais si ces formalités n'étaient
pas remplies, la propriété n'était pas transférée. Le
contrat liait seulement les deux parties, et l'acheteur avait une action personnelle contre son vendeur pour se faire ensaisiner. « Celui qui vend sa
tenure, mais qui en relient encore la saisine par
devers lui, ne n'en fait vest à l'acheteur, sachez

qu'il est encore sire de la chose ; mais toutefois , il peut être contraint à faire le werp et adhéritement de la chose (1). »

Dans les coutumes de Vermandois (art. 126) et de Reims (art. 165), l'ancienne forme symbolique simplifiée cependant avait été conservée. Le vendeur et l'acheteur devaient comparaître devant les officiers de la seigneurie dont le bien relevait ; le vendeur mettait entre les mains du juge un bâton, symbole de l'héritage et le juge le mettait à son tour entre les mains de l'acheteur.

Mais, dans certains cas, dans celle de Péronne, notamment (art. 264) la forme symbolique de l'héritage avait disparu, et il suffisait d'une reconnaissance devant le juge compétent.

Que ces actes de nantissement fussent symboliques ou non, ils devaient être enregistrés au greffe des juges qui les avaient reçus. Il y avait néanmoins des coutumes (celles de Hainaut, de Cambraisis, de Valenciennes), qui n'exigeaient point cet enregistrement. L'accomplissement des formalités du nantissement pouvait être prouvé, dans ces coutumes, par des records *(recordere)*, ou rédactions par écrit qui se faisaient en justice d'un acte quelconque, sur la déposition des officiers publics en présence desquels il avait été passé.

Il ne faudrait pas croire que les biens de toute sorte fussent soumis aux formalités du nantisse-

(1) Boutelier. Somme rurale, ás. 1, chap. LXXVII.

ment. Ainsi, les coutumes de Péronne, de Vermandois et plusieurs autres, ne les exigeaient que pour les biens compris dans la mouvance féodale. Ces coutumes déclaraient qu'*en franc alleu il n'y a pas nécessité de recourir aux devoirs de loi.*

D'autres, au contraire, y soumettaient les alleux comme les fiefs; et, dans ce cas, le nantissement au lieu de s'opérer devant le bailli et les hommes du fief, s'opérait devant des francs alléotiers. C'est ainsi que le dispose la coutume de Hainaut, qui fût étendue à toutes les Flandres par plusieurs placards des princes de la Maison d'Autriche (1). Celui de 1673, de l'archiduc d'Autriche, portait « qu'aucunes clauses et conditions de fidéicommis, substitutions, prohibitions d'aliéner et semblables charges prescrites et ordonnées par testaments, donations et contrats, comme aussi les ventes de biens, constitutions de rente et toutes les aliénations de biens immeubles n'auront d'effet de réalisation au préjudice des personnes tierces , si les dites ventes et toutes autres aliénations de biens immeubles ne sont notifiées et enregistrées au premier livre et registre des juges où tels biens sont situés et ressortissants. » L'idée de publicité développée depuis par les économistes, commence à se faire jour. Nous en trouvons la preuve, et dans cet enregistrement des devoirs de loi écrits sur un registre

(1) Placard de Charles-Quint, du 10 février 1537 , de Philippe II, du 6 décembre 1596. — Édit. perpétuel des archiducs, du 12 juillet 1611.

tenu à la disposition du public, et dans l'application de ces formalités à la transmission des alleux eux-mêmes dans certaines coutumes. Les placards de Charles-Quint et de Philippe II, déclarent qu'ils exigent le nantissement même pour les alleux, afin d'empêcher les fraudes et les stellionats.

Les rois de France eux-mêmes tentèrent d'organiser la publicité en matière de droits réels à différentes reprises. François Ier publia, à ce sujet, l'édit de *Saint-Germain en Laye* en 1553, où il généralisait la formalité de l'insinuation et y assujettissait tous les contrats d'aliénation à titre onéreux. Les registres devaient être communiqués à tous ceux qui le demandaient, mais cet édit ne fût point appliqué.

Colbert voulût organiser également le crédit foncier, par l'édit de 1673, en prenant pour base la publicité des droits réels. Mais cet édit fut abrogé l'année suivante ; le ministre ne put pas triompher de l'opposition des membres de la noblesse française qui ne tenaient pas à faire savoir que leurs patrimoines étaient grevés de dettes considérables contractées, il est vrai, au service de l'État.

Nous allons voir comment nos législations ont organisé la publicité autour des actes translatifs de propriété immobilière.

DROIT ACTUEL

CHAPITRE PREMIER.

Période intermédiaire.

La disparition de la formalité du nantissement fut la conséquence de l'abolition des justices seigneuriales décidée dans la nuit du 4 août 1789. Cette formalité fut remplacée provisoirement par la transcription des contrats au greffe du tribunal du district de la situation des biens (1).

La loi du 9 messidor an III, et plus tard celle du 11 brumaire an VII, ont fait cesser les dispositions transitoires des articles 3 et 4 du décret du 19 sep-

---

(1) Art. 3 et 4 du décret du 19 sept. 1790. — C'est dans le décret qu'on voit apparaître pour la première fois le mot transcription, mais cette formalité n'est que la continuation du nantissement.

tembre 1790, en créant un régime hypothécaire
nouveau pour toute la France. Ces deux lois sont
particulièrement curieuses à étudier : la première,
au point de vue scientifique, la seconde, pour les
points de contact qu'elle nous offre avec la loi du
23 mars 1855.

Loi du 9 messidor an III.

La loi du 9 messidor an III fut inspirée au législateur par des préoccupations qui expliquent la hardiesse de ses principales dispositions. Il fallait édifier un monde nouveau sur les ruines de l'ancien régime, édicter des lois nouvelles pour les nécessités qui venaient de surgir, réglementer le régime hypothécaire et la propriété foncière.

Les membres de la Convention nationale imbus des doctrines économiques de Quesnay et de Turgot considéraient la fortune territoriale comme le principal élément de la richesse publique. Comme il était permis de mettre en circulation des cédules sur les routes, carrefours, rivières, ruisseaux, canaux navigables et autres propriétés publiques, la Convention prétendit assimiler les propriétés privées aux biens fonds de l'État. Les finances étaient alors dans une situation misérable ; les assignats perdaient 95 p. %, de leur valeur et nos législateurs voulant procurer au commerce un nouveau papier-monnaie, créèrent l'hypothèque sur soi-même.

Le propriétaire foncier se présentait devant le
conservateur des hypothèques et lui déclarait la
valeur de ses propriétés immobilières. Le conservateur devenait garant de cette déclaration; et s'il
ne la contestait pas, il délivrait au requérant des
cédules hypothécaires, valables pendant une période
de dix ans au plus, pour une somme représentant
les trois quarts de la valeur vénale des biens grevés. Ces cédules hypothécaires, transmissibles par
voie d'endossement et par coupons, formaient des
titres exécutoires contre celui qui les avait requises
sur le prix de ses biens au profit de celui à l'ordre
duquel elles étaient passées. La propriété foncière
était ainsi transformée en une valeur de commerce
négociable comme une monnaie fictive.

L'avantage de la combinaison consistait en ce
que les titres représentatifs de la valeur territoriale
se prêtaient à la circulation la plus rapide. C'était
un élément de crédit puissant et actif et d'autant
plus appréciable qu'il offrait par suite de l'intervention du conservateur des hypothèques une garantie
sérieuse de réalisation sur le prix des biens af-
fectés.

Mais quelle tentation pour des propriétaires
inexpérimentés! Comme l'a fort bien dit M. Troplong, (1) cette loi faisait naître le besoin, le sollicitait
et le poussait jusqu'à l'excès. Nous verrons néanmoins que les législateurs prussiens n'ont pas craint

(1) Troplong, de la Vente, tom. II, p. 41.

de voter un système de lois hypothécaires qui offre une très-grande analogie avec celui de messidor.

Cette loi consacrait la plus large publicité. Ainsi, elle disposait dans son article 99 : « Nulle expropriation de biens territoriaux volontaire ou forcée, entre vifs et à quelque titre que ce soit, ne peut avoir lieu à peine de nullité si elle n'a été précédée de la déclaration foncière des biens qui en sont l'objet, faite et déposée dans les formes prescrites. » Et l'article 105 portait : « Qu'en toute expropriation volontaire, celui au profit de qui elle est consentie ne peut devenir propriétaire incommutable des biens territoriaux qui en sont l'objet que sous les deux conditions suivantes : 1° De notifier et déposer expédition de son contrat, dans le mois de sa date, à chaque bureau de la conservation des hypothèques dans l'arrondissement duquel les biens sont situés; 2° de payer tous les créanciers hypothécaires du fait de son auteur. »

Mais cette loi ne reçut pas d'application. Les législateurs qui succédèrent aux membres de la Convention furent effrayés par tant d'audace et ils empêchèrent par des règlements nombreux (1), l'application des théories de leurs devanciers. Celui de ces règlements qui fût promulgué le dernier, la loi du 8 vendimaire an V avait reculé la mise en pratique de la loi de messidor jusqu'à l'adoption

(1) Lois des 3 vendémiaire an IV, 28 fructidor an IV, 19 ventôse an IV, 19 prairial an IV, 21 thermidor an IV, 8 vendémiaire an IV.

d'une nouvelle loi , réglementaient le régime hypothécaire. Cette loi fût promulguée le 11 brumaire
an VII.

Loi du 11 brumaire an VII.

Cette loi décide, article 26 : « Les actes translatifs de biens et droits susceptibles d'hypothèques
doivent être transcrits sur les registres du bureau
de la conservation des hypothèques dans l'arrondissement duquel les biens sont situés. Jusque-là
ils ne peuvent être opposés aux tiers qui auraient
contracté avec le vendeur et qui se seraient conformés aux dispositions de la présente.

Art. 28. — La transcription, prescrite   r l'article 26, transmet à l'acquéreur les droits que le
vendeur avait à la propriété de l'immeuble, mais
avec les dettes et hypothèques dont cet immeuble
est grevé.

Elle repose sur cette idée qu'entre deux acquéreurs successifs d'un même immeuble, celui-là doit
être préféré qui a fait transcrire le premier son contrat d'acquisition, quoique ce contrat ne fût pas le
premier en date. Mais il ne faudrait pas croire que
la transcription soit un mode solennel et matérialisé
de transmission de la propriété, à l'image de la
mancipatio romaine, de la *festucatio* germanique,
ou du nantissement féodal (1). La translation de la
propriété n'est pas reculée jusqu'au moment de la

(1) Aubry et Rau, tom. II, p. 207.

transcription ; elle a lieu d'ores et déjà, dès l'instant du contrat entre les parties, mais sous certaines conditions à remplir vis-à-vis des tiers. L'article 26, en effet, ne peut laisser aucun doute : jusque-là (jusqu'à la transcription) ils (les actes) ne peuvent être opposés aux tiers.

L'acte est donc opposable aux parties, même avant la transcription, ce qui signifie, évidemment, que la transmission s'opère *inter partes* au moment du contrat, et le vendeur ne saurait avoir la revendication contre l'acquéreur qui n'aurait pas transcrit ni contre ses ayants-cause.

La transcription est simplement un élément de publicité destiné à faire connaître à tous les intéressés la situation d'un immeuble ; elle a pour but de renseigner et de protéger les tiers ; mais la propriété est transférée vis-à-vis des parties, dès le moment du contrat, indépendamment de toute formalité postérieure. De là, se dégage naturellement la distinction entre les parties et les tiers, distinction qui est le fondement de la loi de 1855 et qui, si elle n'est pas absolument conforme à la notion juridique et philosophique du caractère absolu que comporte l'idée de propriété est du moins essentiellement pratique.

On admet généralement que, sous la loi de brumaire, le consentement mutuel suffit pour consommer la mutation sans qu'il soit besoin de tradition réelle ou fictive.

La loi de brumaire an VII a servi de modèle aux législateurs de 1855 ; ils ont élargi sa portée en la faisant revivre, et ont soumis à la transcription des aliénations de biens non susceptibles d'hypothèques. En effet, la loi de brumaire était seulement une loi hypothécaire, alors que la loi de 1855 s'applique à tous les contrats à titre onéreux translatifs de droits réels. L'étude de cette dernière loi nous amènera forcément à étudier ces distinctions ; nous nous demanderons les motifs des changements qui ont été apportés. Mais n'anticipons pas sur notre sujet.

On aurait pu croire que cette loi de brumaire an VII, dont l'expérience a démontré la nécessité et la sagesse au point de vue pratique, aurait de longs jours d'application. Il n'en fut rien. La lutte entre les partisans du système de la publicité et ceux qui croyaient bien agir en faisant reposer le transfert de la propriété à l'égard de tous sur le simple consentement des parties, recommença plus ardente et plus vivace que jamais lors de la rédaction du code civil. Des jurisconsultes éminents, parmi lesquels Tronchet, Portalis, Malleville, Bigot-Préameneu attaquèrent vivement la loi de brumaire dans les réunions préparatoires du conseil d'État et du tribunal. Ils firent si bien que les auteurs de notre Code civil adoptèrent leurs idées et décidèrent que la transmission de la propriété s'opérait à l'égard de tous par le seul effet de la volonté, et qu'il n'était pas besoin de tradition réelle pour transférer la propriété. Portalis developpait la théorie nouvelle en disant : « Dans les premiers âges, il fallait tradition et occupation corporelle, pour consommer le transport de propriété. Dans les principes de notre droit français, le contrat suffit... Il s'opère par le contrat *une sorte de tradition civile* qui consomme le transport des droits et qui nous donne action pour forcer à la tradion réelle.

Cette brusque transformation se produisant si peu de temps après le vote de la loi de brumaire, a surpris bien des esprits. On a parlé d'escamotage, de supercherie ; mais les hommes d'alors étaient sans doute absolus, souvent violents, mais mêlaient de hautes qualités à de grossiers défauts. La franchise et la loyauté étaient peut-être alors plus communes qu'à notre époque, et d'ailleurs, l'histoire des débats législatifs ne donne aucune prise à de telles suppositions.

La lutte s'engage par deux fois entre les partisans du système de publicité et leurs adversaires, au sujet de la discussion du titre des obligations d'abord, et plus tard, lors de la présentation du titre de la vente. Et comme l'entente ne pouvait pas s'établir, il fut convenu, d'un commun accord, que la solution de la question serait donnée lorsqu'on aborderait le titre des priviléges et hypothèques.

Le projet de loi sur le régime hypothécaire donna raison aux partisans de la loi de brumaire. En effet, les art. 91 et 92 décidaient que : art. 91 « les actes translatifs de propriété qui n'ont pas été transcrits ne peuvent être opposés aux tiers qui auraient contracté avec le vendeur, et se seraient conformés aux dispositions de la présente.

Art. 92. — « La simple transcription des titres translatifs de propriété sur le registre du conservateur ne purge pas les priviléges et hypothèques établis sur l'immeuble.

Il ne passe au nouveau propriétaire qu'avec les droits qui appartenaient au précédent propriétaire et affecté des priviléges et hypothèques dont il était chargé. »

Les articles vinrent en discussion devant le Conseil, où ils furent vivement attaqués par Tronchet et vigoureusement défendus par Treilhard. A la suite d'observations émanées de certains membres, notamment de Malleville et Jollivet, les articles furent renvoyés à la section pour que leur rédaction fût modifiée sur les points de détail. On avait insisté pour faire préciser par le texte définitif : 1° que les ventes antérieures ne devaient pas être soumises à la transcription ; car si la loi devait agir rétroactivement, c'était un bouleversement complet de la propriété ; 2° que la transcription accomplie ne saurait avoir aucune influence sur la validité d'une aliénation consentie par un non-propriétaire ; car, s'il eût suffi de transcrire un contrat pour consolider le déplacement d'une propriété, auquel le vrai

propriétaire n'avait point consenti, la loi ouvrait la
porte à la spoliation. Treilhard affirma énergiquement que telle était la portée de l'article 91 ; néanmoins on ne se contenta pas de sa parole, et les
articles furent envoyés à la section pour y être mo-
difiés dans ce sens. Le principe était donc accepté
par le Conseil et la question paraissait résolue, si
la section se conformait à la décision du Conseil.

Le projet définitif fut présenté au Corps législatif, le 22 ventôse an XII. L'article 90 était devenu
l'article 2181 ; l'article 91 était devenu l'article 2182
et l'article 92, qui posait le principe qui consacrait
la nécessité de la transcription avait disparu du
texte présenté à la Chambre. La suppression ou la
disparition de cet article emportait la condamnation
et le rejet du principe de la publicité en matière de
transmission. La base du système était complètement changée; et cependant la loi fut votée sans
discussion, sans critique du tribunal, en présence
de ceux qui avaient le plus énergiquement combattu
en faveur des lois de brumaire, en présence de
Treilhard, qui présenta et défendit devant le Corps
législatif ce projet d'où avait disparu l'article 91,
alors qu'il avait si vaillamment lutté pour le main-
tien de cet article.

Les rédacteurs du Code avaient oublié, dans le
feu de la lutte, de modifier certaines dispositions
qui n'avaient de sens qu'avec l'existence de l'article 91. L'harmonie de la loi en fut profondément

troublée et de bons esprits continuèrent à penser que la nécessité de la transcription n'avait pas été formellement exclue par le Code, et cette théorie fut soutenue assez longtemps.

Deux années s'étaient à peine écoulées depuis la promulgation des derniers titres du Code civil, lorsque la transcription fut rétablie dans les articles 831 et 835 du Code de procédure civile. D'après certains, cette mention de la transcription dans le Code de procédure aurait été insérée pour répondre à un intérêt fiscal. On ne faisait plus transcrire d'actes et les revenus du Trésor diminuaient. Nous ne croyons pas que ce fut la seule considération qui ait motivé l'adoption de ces articles 831 et 835. Ils étaient plutôt la conséquence logique du principe qui régissait la vente sous le Code Napoléon, comme le disait M. Rouher lors de la discussion de la loi de 1855. Par cela même que la vente transférait immédiatemet la propriété de l'immeuble à l'acquéreur, personne ne pouvait plus désormais faire inscrire d'hypothèques du chef des précédents propriétaires. Le législateur a voulu, par esprit d'équité, s'occuper des créanciers et considérant la transcription, non point comme opérant la transmission de la propriété, mais comme le premier acte de la purge, il a permis que, dans la quinzaine, après l'accomplissement de cette formalité, tous ceux qui auraient sur l'immeuble un droit hypothécaire pussent le faire inscrire.

CHAPITRE II.

Loi du 23 mars 1855.

Le système de clandestinité, tel qu'il avait été organisé par le Code civil pour les transmissions de la propriété, souleva bientôt de nombreuses et de graves critiques. Le crédit foncier était profondément troublé par cette propriété mystérieuse, et l'argent n'osait point s'aventurer avec des garanties aléatoires et trop souvent trompeuses. La fortune territoriale en était diminuée, les revenus du Trésor en souffraient, le fisc créait à tout instant des théories nouvelles pour contraindre à la transcription ; et tous, hommes d'affaires, économistes, financiers, juristes, magistrats, réclamaient à grands cris un régime de publicité. En 1827, Casimir Périer avait institué un concours avec un prix de 3,000 fr. pour le meilleur mémoire sur les améliorations à porter au régime hypothécaire. Enfin, le gouvernement s'émut de cette situation anormale, et en 1841 M. Martin (du Nord), consulta les Cours d'appel et les Facultés de droit (1). Toutes les Cours, à l'ex-

_____

(1) Leurs observations furent consignées dans trois volumes publiés en 1844, sous le titre de : Documents relatifs au régime hypothécaire.

ception de la Cour de Bordeaux, de celle de Toulouse et de la moitié de la Cour de Besançon, qui se décidèrent en faveur du système consacré par l'article 1583, et toutes les Facultés demandèrent le rétablissement du principe de la loi de brumaire, ainsi que son extension aux droits réels qui sont une charge de la propriété et qui en diminuent la valeur.

Mais, parfois, il nous faut en France bien du temps pour modifier nos lois. La République de février 1848 survint, et rien n'était encore décidé. Une commission, dont M. Troplong était le président, fût nommée, par arrêté du président de la République portant la date du 13 juin 1849; elle avait pour objet de préparer la rédaction d'un projet de loi sur la transcription. Le conseil d'État était, en même temps, saisi de la même question. Les rapporteurs de la Commission et du conseil d'État, MM. Persil et Bethmont, se prononcèrent dans le même sens et conformément à leurs conclusions, fut apporté à l'Assemblée nationale, en 1850, un projet de loi qui mettait au rang des réformes hypothécaires le rétablissement de la transcription, comme moyen de consolidation de la propriété, respectivement au tiers.

Le principe avait été adopté (1). Mais l'Assem-

(1) Voir au Moniteur le Rapport de M. de Vatimesnil, du 23 avril 1850 et et le projet de loi de la Commission, imprimé en regard de celui du gouvernement et d'un autre projet dû à l'initiative d'un membre de l'Assemblée, M. Pougeard.

blée ayant été dissoute le 2 décembre 1851, ce projet qui parvint jusqu'à la troisième lecture, n'aboutit pas.

Cependant le gouvernement nouveau se préoccupait de développer le travail agricole et industriel, il favorisait toutes les institutions qui paraissaient de nature à venir en aide aux agriculteurs français. Dans ce but, un décret du 28 février 1852 introduisit en France les sociétés de crédit foncier, institution qui existait déjà chez les nations voisines. « Ces Compagnies financières qui, sous les yeux de l'autorité, prêtent à bon marché pour de longs termes sans autre restitution du capital qu'un amortissement confondu avec les intérêts annuels, ne pouvaient fonctionner sérieusement et avec sécurité qu'autant que les prêts opérés seraient sûrs et qu'on aurait la certitude d'arriver au remboursement (1). »

Ces sociétés ne pouvaient être fondées, subsister et fonctionner d'une manière utile sans la réforme des lois hypothécaires ; et il n'était point juste d'opérer un changement aussi grave dans les dispositions du Code civil, en vue de cette société seule, et au préjudice des particuliers ou des sociétés rivales qui voudraient se livrer aux mêmes opérations. On résolut de prendre une mesure générale et de faire une loi s'appliquant à tous ; le projet en fut pré-

(1) Exposé des motifs de la loi du 23 mars 1855. — *Moniteur* du 11 mars 1855.

senté au Corps législatif, sous la rubrique de : Lois sur la Transcription. Ce projet est devenu, sauf modifications partielles intervenues au cours des débats, la loi du 23 mars 1855.

Examinons succinctement, avant d'aborder l'étude de cette loi, la législation des pays étrangers relative au même sujet.

En Autriche, tout acte translatif de propriété immobilière ou de droits réels immobiliers, doit être transcrit sur les registres publics à ce destinés ; cette inscription est appelée intabulation (1).

L'inscription est également nécessaire lorsque la propriété est transférée en vertu d'un jugement ou d'un acte judiciaire, ou par suite de la délivrance judiciaire d'une succession.

Entre deux acquéreurs à qui la même chose a été successivement vendue, celui-là est préféré qui le premier a requis l'intabulation.

L'intabulation doit être requise, en principe, par le vendeur, s'il a été dressé un acte écrit du contrat de vente, signé par les contractants et par deux témoins dignes de foi, et si dans cet acte ou dans tout autre séparé, le vendeur a donné son consentement à l'inscription de l'acquéreur comme propriétaire.

Remarquons, avant d'aller plus loin, que le principe distinctif du système germanique est la publicité la plus large des droits réels ou autres charges qui peuvent affecter la propriété.

_____

(1) Code Autrichien de 1811, art. 431 et suivants.

Grand-Duché de Bade. — Les additions faites au Code civil français, dans le Grand-Duché de Bade, dès 1809, établirent en principe que le droit réel de propriété et le pouvoir de conférer des hypothèques s'acquerraient par l'inscription de l'acte translatif sur le registre des immeubles.

Bavière. — Dans ce pays, une loi du 1ᵉʳ juin 1822 établit en principe que, pour les aliénations d'immeubles, tant que le titre de l'acquéreur n'est pas inscrit au greffe du tribunal de la situation des biens, des inscriptions hypothécaires pouvaient être valablement prises sur l'ancien propriétaire : il en est autrement dès que l'acquéreur est inscrit.

Afin d'éviter les inconvénients souvent irréparables qui peuvent résulter du retard de l'inscription, si le droit auquel elle s'applique est contesté, la loi permet de recourir à une prénotation. Le système des prénotations est commun à tous les pays allemands. Grâces à cette mesure, lorsqu'un droit est contesté, celui qui s'inscrit prend rang vis-à-vis de lui, pour le cas où il viendrait à être ultérieurement reconnu, du jour de l'inscription ou prénotation. Aucun acte ne peut ainsi porter préjudice aux droits qui ont été réservés par l'auteur de la prénotation.

Les prénotations sont mentionnées sur le registre hypothécaire en marge de l'inscription à laquelle elle se réfèrent (1).

(1) Loi de 1822, art. 111.

On doit inscrire les modifications apportées au droit de propriété comme partage, *cens, fidéicommis, dimes ;* mais les servitudes réelles ne sont pas sujettes à l'inscription. L'usufruit, l'interdiction de vente, la substitution fidéicommissaire, en un mot tous faits et droits limitatifs de la libre disposition du possesseur sont soumis à l'inscription (1).

La t nue des registres hypothécaires est confiée au tribunal de la situation des immeubles. Ce tribunal forme la chambre hypothécaire. Il répond de l'intégrité des registres, de la confection et de la validité des inscriptions, de la délivrance exacte des extraits. Il est obligé, sous sa responsabilité, de faire avertir ceux dont les droits pourraient éprouver un préjudice, lorsqu'il s'agit de changements à opérer sur les registres, ou de mesures à prendre dans leur intérêt (2).

Belgique. — La Belgique appartenait autrefois aux pays de nantissement où le régime hypothécaire était soumis au principe de la publicité. Après sa réunion à la France, ses anciennes lois furent remplacées d'abord par la loi du 11 brumaire an VII, puis par le Code civil français qui continua de la régir, après la séparation. Mais la réforme était désirée en Belgique comme en France ; elle fût réalisée par une loi du 16 décembre 1851. Cette loi est divisée en deux parties dont l'une, sous le titre

(1) Même loi, art. 23.
(2) Articles 96, 97 et 98 de la loi de 1833.

de *Dispositions préliminaires*, a trait à la transmission des droits de propriété et autres droits réels.

Dans cette partie, la loi belge exige que tous actes entre-vifs, à titre gratuit ou onéreux, translatifs ou *déclaratifs* de droits réels immobiliers (autres que les privilèges et hypothèques) soient rendus publics par leur transcription intégrale sur un registre à ce destiné, au bureau de la conservation des hypothèques dans l'arrondissement duquel les biens sont situés. Jusque-là ils ne pourront pas être opposés aux tiers qui auraient contracté sans fraude.

La transcription est aussi exigée à l'égard des jugements passés en force de chose jugée, tenant lieu de conventions ou de titres pour la transmission de ces droits, elle est encore requise pour les actes de renonciation à ces droits et pour les baux excédant neuf années ou contenant quittance d'au moins trois années de loyer. Si les baux n'ont pas été transcrits, la durée peut en être réduite, conformément à l'article 1429 du Code civil.

Toute demande tendant à faire prononcer l'annulation ou la révocation des droits sus-mentionnés et toute décision sur une semblable demande doivent être inscrites en marge de la transcription.

Toute cession d'une créance privilégiée ou hypothèque inscrite et toute subrogation à un droit semblable doivent, pour pouvoir être opposées aux tiers, être mentionnées en marge de l'inscription.

Afin de compléter ce système de publicité, la loi permet a tout cessionnaire d'une créance inscrite de faire assigner le débiteur à l'effet de déclarer et affirmer le montant actuel de la dette qui peut avoir été éteinte ou diminuée, depuis l'inscription, soit par le paiement intégral ou partiel, soit pour d'autres causes.

Hollande. — Le Code civil des Pays-Bas promulgué en 1838, consacre également le principe que la propriété d'un immeuble ne s'acquiert que par la transcription du titre sur un registre public (1).

Prusse. — Les lois hypothécaires prussiennes votées par le Landtag et par la Chambre des Seigneurs et promulguées le 5 mai 1872, ont consacré un système qui offre beaucoup d'analogies avec celui de notre loi du 9 messidor an III. Toute dette foncière est inscrite au livre foncier, et le juge-conservateur chargé de la tenue des registres hypothécaires délivre au propriétaire un titre où cette inscription est reproduite et qui constitue le bon foncier.

Cette dette foncière ou bon foncier peut être cédée en blanc sans désignation de cessionnaire (article 55) (2).

Dans toutes les parties de l'Allemagne, l'inscription est faite au nom de l'immeuble sur le livre terrien, et non point comme chez nous,

(1) Article 671 du C. civil des Pays-Bas.
(2) Voir Annuaire de législation étrangère, 3e année. — Lois sur le régime hypothécaire en Allemagne, traductions et notes de Paul Gidd.

au nom de la personne. Nous parlerons plus longuement à la fin de notre travail de cette circonstance importante.

Après ce rapide exposé, revenons au droit français et à la loi du 23 mars 1855.

La loi du 23 mars 1855 n'a pour nous d'intérêt
qu'au point de vue de la transmission convention-
nelle ; dès lors, nous ne relèverons dans cette loi
que les dispositions ayant trait à cette matière, et
pour bien distribuer notre sujet, nous nous demanderons :

1° A la requête de qui, en quel lieu, dans quelles
formes la transcription doit-elle être opérée ?

2° Quels sont les actes sujets à la transcription ?

3° Quels sont les effets de la transcription et les
conséquences de son omission ?

CHAPITRE III.

A la requête de qui, en quel lieu, dans quelles formes la transcription doit elle être opé-rée ?

SECTION PREMIÈRE.

Des personnes chargées de faire opérer la transcription.

L'obligation de faire transcrire incombe naturel-lement à celui des contractants qui doit profiter de la transcription. Ainsi, le principal intéressé est l'acquéreur dans le contrat de vente. L'article 2155 nous apprend, du reste, que les frais de la trans-cription sont, en principe, à sa charge. Le vendeur peut, néanmoins, requérir la transcription ; le même article lui en donne le pouvoir. Il y est même sou-vent intéressé pour la conservation de son privi-lége ; mais il conserve son recours contre l'acqué-reur pour le paiement des frais de la transcription. Le même recours appartient à celui qui a fait trans-crire dans un intérêt commun lorsqu'il existe plu-sieurs cointéressés dans un même acte.

Lorsqu'un incapable a un intérêt à la transcription, on peut dire qu'en principe son représentant, son mandataire légal sera tenu de la requérir en son lieu et place ; et l'article 940, 2° alinéa, doit être appliqué par analogie, à la transcription des actes à titre onéreux, lorsque ces actes concernent des incapables. Mais comme la transcription n'est qu'une mesure conservatoire, la femme mariée, le mineur non émancipé, l'interdit peuvent la faire opérer sans aucune autorisation du mari ou du tuteur.

Les parents de la femme ou ses amis, les parents ou amis du mineur, de l'interdit ont également qualité pour opérer cette transcription (1). La même faculté appartient, à plus forte raison, à toute partie intéressée, telle qu'un créancier ou tout autre successeur à titre singulier.

Ni le mineur, ni l'interdit, ni la femme mariée ne peuvent se faire restituer contre le défaut de transcription (2).

Un mandataire, chargé par un majeur, d'acheter un immeuble, n'est pas tenu de faire opérer la transcription si la procuration ne renferme que le pouvoir d'acheter et ne contient aucune clause relative à la transcription. En effet, la transcription est une formalité extrinsèque à la vente. Elle en est bien un complément utile, puisqu'elle seule rend l'acquéreur propriétaire au regard des tiers, mais

(1) Argument tiré des articles 2139 et 2191.
(2) Analogie tiré de l'article 842.

elle n'en est pas un complément nécessaire, puisque l'acquéreur a la faculté de faire ou de ne pas
faire transcrire à son choix.

Il n'en serait pas de même si la procuration, outre
le mandat d'acheter, renfermait, d'une manière
expresse, le mandat de payer ; le mandataire est
alors tenu de faire opérer la transcription puisqu'il
doit faire un paiement utile.

Le notaire n'est pas le mandataire des parties ;
et lorsqu'il reçoit un acte de nature à être transcrit,
ce n'est pas lui qui demeure chargé d'en faire opérer
la transcription, à moins qu'il n'en ait reçu le mandat exprès ou implicite de son client. Bien plus, il
conserve le droit d'exciper du défaut de transcription, s'il se présente comme créancier hypothécaire
ou en toute autre qualité lui conférant ce droit. (1)

L'article 4 de la loi du 23 mars 1855 oblige
l'avoué qui a obtenu un jugement prononçant la
nullité ou la rescision d'un acte transcrit, à le faire
mentionner en marge de la transcription faite sur
le registre, sous peine de cent francs d'amende.

En matière de vente, on doit appliquer la disposition de l'art 940 qui charge le mari sous sa responsabilité personnelle de faire transcrire pour la
femme, lorsque des biens ont été donnés à celle-ci.

Il ne saurait exister de difficultés, lorsque le
mariage est contracté sous le régime de la commu-

(1) Cour de Bordeaux, 25 mai 1869.

nauté puisque le mari sous ce régime, a l'administration des biens personnels de la femme (art. 1428).
La même raison existe dans le cas où l'union est
contractée sous le régime sans communauté (article 1531) ou sous le régime dotal (art. 1549), pour
les biens dotaux, puisque l'administration des biens
propres de la femme appartient au mari dans les
deux cas. Mais le mari est-il tenu de faire transcrire
pour sa femme séparée de biens, soit judiciairement
soit par contrat, ou mariée sous le régime dotal,
lorsqu'il s'agit des biens paraphernaux ?

L'art. 940 qui impose au mari l'obligation de faire
transcrire pour sa femme ne distingue pas entre les
divers régimes ; et, en second lieu, la femme ne peut
pas dans les cas spécifiés disposer de ses immeubles sans le consentement de son mari. Celui-ci
doit veiller lorsque la femme acquiert un immeuble,
à ce que la formalité de la transcription soit remplie,
le défaut de transcription pouvant aboutir à une
véritable aliénation de cet immeuble.

Mais le mari n'est pas tenu de faire transcrire
pour la femme, lorsque celle-ci n'a agi, au refus du
mari, qu'avec l'autorisation de la justice. (1)

(1) Flandin. De la Transcription, n° 729 et 815.

SECTION DEUXIÈME

Des termes de la transcription et des lieux où elle doit être requise.

Dans l'exposé des motifs de la loi de 1855, la transcription est définie : l'accomplissement d'une formalité destinée à procurer aux tiers, créanciers ou acquéreurs, la publicité matérielle, durable et facile à chercher, des mutations de la propriété immobilière et des démembrements ou charges qui peuvent en altérer la valeur.

Afin de réaliser cette publicité, le projet de loi sur la transcription, qui fût soumis au Corps législatif contenait un article 9 ainsi conçu :

« Pour opérer la transcription, une copie entière de l'acte ou du jugement est déposée au bureau des hypothèques. Elle est signée par le notaire, si l'acte est authentique; par la partie qui requiert la transcription, s'il est sous seing privé; s'il s'agit d'un jugement, par l'avoué qui l'a obtenu. Le conservateur en donne récépissé au requérant. Il classe les copies par ordre de date, et transcrit par extrait sur un registre à ce destiné, les noms, prénoms et domiciles des parties, la date de l'acte et du jugement, la nature des droits transmis et reconnus par l'acte ou le jugement, le jour et l'heure du dépôt. »

Au mode de transcription par extrait, on a préféré la transcription intégrale et littérale du titre. « Cette double formalité (de la copie de l'acte transcrit et de l'inscription *par extrait*, sur le registre du conservateur) produisait une complication sans amener une économie de temps ; elle remplaçait la copie *littérale* du titre par un simple extrait qui n'offrait ni les mêmes garanties, ni les mêmes avantages. Enfin la transcription n'était pas mentionnée sur l'original du titre. A ces divers points de vue, elle offrait des inconvénients et des dangers. (1)

Actuellement, la partie qui veut opérer la transcription, doit présenter au conservateur une expédition de l'acte ou du jugement à transcrire, si cet acte a été passé dans la forme authentique, ou un des doubles de l'acte s'il est sous seing privé (2). L'article 3 du projet ayant été supprimé, le conservateur n'est pas tenu de se contenter d'une copie *certifiée* de l'acte sous seing privé. Sa responsabilité ne serait pas à couvert, s'il faisait la transcription sur une simple copie et que cette copie ne fût pas conforme à l'original.

La formalité de la transcription sera donnée aux actes énoncés dans les deux premiers articles de la loi du 23 mars 1855, selon les prescriptions de l'ar-

(1) Rapport de M. de Belleyme, Sirey. Lois annotées, 1855, p. 27, n° 4.
(2) Arg. Art, 2148.

ticle 2181 qui exige la transcription en entier (1).
Il faut remarquer toutefois que la loi doit être ap-
pliquée judicieusement. Ainsi un procès-verbal
d'adjudication d'immeubles aux enchères publiques
est un acte complexe qui renferme autant de ventes
séparées qu'il y a de lots mis en vente. Il ne serait
pas juste d'imposer à celui des adjudicataires qui
veut transcrire dans son unique intérêt, l'obligation
de faire transcrire le procès-verbal tout entier, et
par suite d'acquitter les droits de transcription et
de mutation pour des immeubles qui ne le concernent pas. Il ne sera obligé de soumettre à la transcription que la partie du procès-verbal qui l'intéresse, à l'exception toutefois du cahier des charges
qui, contenant les conditions de la vente, doit être
transcrit en entier. Il n'y aura jamais, du reste,
qu'une question de fait et les tribunaux auront à
examiner si la transcription, telle qu'elle est opérée,
est ou n'est pas de nature à préjudicier aux tiers et
si la publicité est suffisante.

On peut se dispenser de faire transcrire en entier
un acte qui contient des stipulations de diverse nature, indépendantes les unes des autres, dont les
unes sont sujettes à la transcription, dont les autres
ne le sont pas; ces dernières peuvent être omises.
Ainsi les contrats de mariage à l'égard desquels on
a fait observer avec raison qu'ils renferment souvent des clauses, des stipulations que les familles

(1) Instruction ministérielle du 24 novembre 1855.

peuvent désirer tenir secrètes, les actes de liquidation et de partage qui sont dispensés de la transcription, peuvent cependant contenir des conventions sujettes à la formalité.

Un acte de vente porte tout à la fois sur des immeubles et sur des objets mobiliers. Doit-on transcrire l'acte en entier ? M. Bressolles distingue : Si la ventilation a été faite par l'acte et que des prix différents aient été convenus pour les meubles et pour les immeubles, on pourra se borner à ne faire transcrire que la partie de l'acte concernant les immeubles. Mais il en serait autrement si l'acte portait un seul et même prix, ou même avec des prix distincts des conditions communes aux meubles et aux immeubles. Seulement, dans ce dernier cas, ajoute M. Flandin, n° 781, les prix étant distincts, il ne devrait être perçu à l'enregistrement, pour les meubles, que le droit de vente mobilière.

Les conservateurs ne sont pas juges de la régularité et de la validité des actes présentés à la transcription ; ils doivent les transcrire tels qu'ils leur sont présentés, art. 2199. Néanmoins, un conservateur devrait refuser la transcription d'une vente d'objets mobiliers que l'on présenterait à la formalité, par suite d'une erreur de droit.

Lorsqu'on porte au bureau des hypothèques un acte sous seing privé qui n'est pas enregistré, les conservateurs peuvent se refuser à le transcrire alors même qu'on serait encore dans les délais pour le faire enregistrer sans encourir le double droit. Ils ne controviennent pas à la loi mais l'exécutent, puisque l'art. 52 de la loi du 28 avril 1815 exige que le droit proportionnel de transcription pour les ventes d'immeubles soit payé en même temps que le droit d'enregistrement, ou plutôt confond ces deux droits en un seul. Mais si le receveur a négligé de percevoir le droit additionnel de transcription sur l'acte enregistré, le conservateur ne peut pas refuser d'opérer la transcription. Ce droit est aujourd'hui un droit d'enregistrement; c'est au receveur seul qu'il appartient de le percevoir et le conservateur ne peut pas s'immiscer dans la perception qui a eu lieu.

Si pour un motif ou pour un autre, l'acte est transcrit avant d'avoir été enregistré, la transcription n'en est pas moins efficace au regard des tiers. Cette transcription suffit pour donner à l'acte une date certaine (1).

Les conservateurs sont tenus de fermer leurs bureaux les dimanches et jours de fêtes légales (2). Une transcription est-elle nulle, pour avoir été faite un jour férié ? Aucune loi ne propose cette nullité et l'art. 5 de la loi du 17 thermidor an VI qui annule certains actes accomplis un jour de décade ne s'applique pas nommément aux transcriptions. Toutefois si la transcription ne doit pas être considérée

(1) Caen, 1er mai 1858. D. P., 58, 2, 161.
(2) Décisions minist. des 22 déc. 1807, 29 juillet 1808, et 24 juillet 1810.

comme nulle, elle ne doit cependant valoir qu'à la date du lendemain. Et si un acquéreur premier en date se conformant aux règlements ne se présentait au bureau pour faire transcrire son contrat que le lendemain du jour férié, il n'en devrait pas moins être préféré au second acquéreur qui aurait indûment obtenu de la complaisance du conservateur que son acte fût transcrit la veille.

La publicité organisée par la loi de 1855 est obtenue au moyen de trois registres différents, le registre des dépôts, le registre des transcriptions et le répertoire.

Les conservateurs ne peuvent pas opérer le même jour et immédiatement toutes les transcriptions qui sont requises. Or la date de la formalité est d'une importance capitale. Afin d'assurer la date de la transcription du jour de sa réquisition et pour permettre aux conservateurs de la différer si besoin est, le législateur a organisé dans les art. 2200 et 2201 du Code civil, un registre des dépôts auquel se réfère évidemment la loi de 1855.

Art. 2200. — Néanmoins les conservateurs seront tenus d'avoir un registre sur lequel ils inscriront, jour par jour et par ordre numérique, les remises qui leur seront faites d'actes de mutation pour être transcrits, ou de bordereaux pour être inscrits ; ils donneront une reconnaissance sur papier timbré, qui rappellera le numéro du registre sur lequel la remise aura été inscrite, et ils ne pourront transcrire les actes de mutation ni inscrire les bordereaux sur les registres à ce destinés, qu'à la date et dans l'ordre des remises qui leur en auront été faites.

Art. 2201. — Tous les registres des conservateurs sont en papier timbré, cotés et paraphés à chaque page par première et dernière, par l'un des juges du tribunal dans le ressort duquel le bureau est établi. Les registres seront arrêtés chaque jour comme ceux d'enregistrement des actes (1).

Quant au registre des transcriptions, il est mentionné dans la deuxième partie de l'art. 2200 que nous venons de citer : ils (les conservateurs) ne pourront transcrire etc.

Le Répertoire est destiné à faciliter les recherches. On y inscrit un extrait de la transcription au nom de chacune des parties qui ont cédé ou acquis le droit sujet à la formalité. Chaque case de ce registre contient le nom d'une personne, a gauche est son actif, à droite son passif. Une table alphabétique indique la page que chaque individu occupe au répertoire.

Pour réaliser la publicité dont les registres sont un élément, sans permettre à tous ceux qui ont besoin de les consulter de prendre par eux-mêmes connaissance de leur contenu, on a recours aux

_____

(1) En vue de diminuer les chances de destruction de ces registres, une loi du 5 janvier 1875 modifiant l'art. 93 O, a prescrit la tenue en double des registres et le dépôt de l'un des doubles au greffe du tribunal civil d'un autre arrondissement.

certificats. La personne intéressée présente au conservateur une réquisition écrite et signée, sur papier timbré, de l'état de toutes les inscriptions ou de telle inscription déterminée qui peuvent exister au nom de tel individu. Le conservateur répond à cette réquisition par un certificat négatif, au cas où il n'existe pas de transcription au nom de la personne désignée ; dans le cas contraire, par un certificat positif. Ce dernier certificat contient la copie entière, sur papier timbré, des actes dont la transcription a été opérée.

Si des erreurs, des omissions se rencontrent dans la transcription opérée par le conservateur, d'où qu'elles proviennent, la transcription ne sera inefficace que lorsqu'elle contiendra des erreurs ou omissions de nature à porter préjudice aux tiers.

Au surplus les irrégularités peuvent être rectifiées, sans qu'il soit besoin d'un jugement préalable. La rectification se fait au moyen d'une nouvelle transcription portée sur le registre, à la date courante. Et lorsque l'irrégularité provient du fait du conservateur, il peut la rectifier d'office en ayant soin de relater l'ancienne transcription en marge de la transcription rectifiée, et dans les états qu'il en délivrera (1).

Le conservateur qui omet une transcription dans l'état qu'il délivre aux parties ne porte pas atteinte aux droits de celui à la requête de qui la transcrip-

(1) MM. Rivière et Huguet. Quest. sur la Transcription, n. 254.

tion a été effectuée. De deux acquéreurs successifs
celui-là est préféré qui le premier a fait transcrire,
alors même que la transcription par lui faite aurait
été omise par le conservateur dans l'état délivré au
second acquéreur et par suite aurait été ignorée par
celui-ci. Le conservateur est responsable des conséquences de sa faute et il doit indemniser la personne à qui cette omission préjudicie.

L'action en responsabilité s'exercera contre le
conservateur hypothécairement sur le cautionne-
ment en immeubles qu'il est obligé de fournir, conformément aux articles 5 et 8 de la loi du 21
ventôse an VII, et par privilège sur son cautionne-
ment en numéraire (art. 2102). Les amendes in-
fligées au conservateur coupable, en vertu de l'article 2202, ne pourront être réclamées par le Trésor
qu'après le paiement des dommages - intérêts dûs
à la partie lésée.

Mention des jugements. -- Pour opérer la mention
prescrite par l'article 4 de la loi du 25 mars 1855,
l'avoué, qui a obtenu le jugement, doit remettre un
bordereau, rédigé et signé par lui, au conservateur
qui lui en donne récepissé. Le bordereau doit résumer fidèlement le dispositif de l'arrêt ou du jugement; il contiendra le nom et les prénoms des parties,
la désignation exacte et précise de l'immeuble; en
un mot, l'avoué y introduira tout ce qu'il jugera
utile pour en faire le miroir abrégé de la décision (1).

_____

(1) Troplong. De la Transcription. n. 241.

Les actes sont transcrits au bureau des hypothèques de la situation des biens (1).

Si les immeubles faisant partie de la vente, quoique dépendant de la même exploitation, sont situés dans différents arrondissements, il est évident que l'acte devra être transcrit dans les différents bureaux de la situation de ces immeubles.

Lorsqu'il s'agit d'un contrat d'échange et que les immeubles échangés sont situés dans deux arrondissements différents, celui des copermutants qui veut faire transcrire dans son unique intérêt, n'est pas tenu de remplir la formalité dans l'un et l'autre arrondissement. Il n'a intérêt à faire transcrire que relativement à l'immeuble par lui acquis ; c'est seulement dans le bureau de la situation de cet immeuble qu'il devra présenter l'acte entier à la formalité. A l'autre co-permutant, s'il le juge utile à ses intérêts, .de faire transcrire à son tour pour l'immeuble qu'il a reçu en contre-échange, dans le bureau de la situation de cet immeuble ; la transcription étant, en effet de pure faculté, l'un des co permutants ne saurait se constituer d'office le mandataire de l'autre.

La transcription des actions immobilisées de la Banque de France doit être faite à Paris, où se trouve le siège de la Banque.

(1) Art. 1er, de la loi de 23 mars 1855.

CHAPITRE IV

Actes sujets à la transcription.

La loi du 23 mars 1855 sur la transcription en matière hypothécaire contient les dispositions suivantes :

Art. 1ᵉʳ — Sont transcrits au bureau des hypothèques de la situation des biens :

1° Tout acte entre-vifs translatif de propriété immobilière ou de droits réels susceptibles d'hypothèques ;

2° Tout acte portant renonciation à ces mêmes droits ;

3° Tout jugement qui déclare l'existence d'une convention verbale de la nature ci-dessus exprimée ;

4° Tout jugement d'adjudication, autre que celui rendu sur licitation au profit d'un cohéritier ou d'un copartageant.

Art. 2. — Sont également transcrits :

1° Tout acte constitutif d'antichrèse, de servitude, d'usage et d'habitation ;

2° Tout acte portant renonciation à ces mêmes droits ;

3° Tout jugement qui en déclare l'existence en vertu d'une convention verbale :

4° Les baux d'une durée de plus de dix-huit années ;

5° Tout acte ou jugement constatant, même pour bail de moindre durée, quittance ou cession d'une somme équivalente à trois années de loyers ou fermages échus...

Art. 4. — Tout jugement prononçant la résolution, nullité ou rescision d'un acte transcrit, doit, dans le mois, à dater du jour où il a acquis l'autorité de la chose jugée, être mentionné en marge de la transcription faite sur le registre.

L'avoué qui a obtenu ce jugement est tenu, sous peine de 100 francs d'amende, de faire opérer cette mention en remettant un bordereau rédigé et signé par lui au conservateur, qui lui en donne récépissé...

On peut donc ranger en trois classes principales les actes qui sont de nature à être transcrits :

1° Actes ou jugements translatifs de propriété immobilière;

2° Actes ou jugements translatifs de droits réels susceptibles d'hypothèque ;

3° Actes ou jugements constitutifs d'antichrèse, de servitude, d'usage et d'habitation.

La loi de brumaire n'avait parlé que des actes translatifs de biens et droits susceptibles d'hypothèque; comme on le voit, la loi nouvelle a agrandi le domaine de la transcription.

Nous devons ajouter, pour être complet, aux trois

classes principales sus-mentionnées, les baux d'une durée supérieure à dix-huit années, et les quittances ou cessions anticipées de trois années de loyers ou fermages même pour les baux au-dessous de dix-huit années.

PREMIÈRE CLASSE.

Actes translatifs de propriété immobilière.

Deux questions se posent immédiatement : Quelles sont les diverses espèces de propriété immobilière ? Quels sont les actes translatifs ?

On comprend sous l'expression générale de propriété immobilière :

1° Le droit de pleine propriété sur un immeuble, embrassant la propriété du dessus et du dessous ; c'est l'aspect ordinaire et normal sous lequel se présente le droit de propriété ;

2° Le droit de superficie, autrement dit droit du jouir et de disposer à temps ou pour toujours, de tout ou partie des édifices existant sur le fonds d'autrui, comme de tout ou partie des arbres ou des plantes qui y croissent. Dans le bail à convenant ou à domaine congéable, le droit du colon sur les édifices et autres superficies est un véritable droit de superficie (1) ;

(1) Lois de 6 août 1791 et de 11 brumaire an VII.

3° La propriété acquise sous le sol ou les bâtiments d'autrui ;

4° Les mines. Elles forment une propriété distincte de nature immobilière et susceptible d'hypothèques, lorsqu'il existe une concession du gouvernement. Les minières et carrières, au contraire, ne constituent pas une propriété distincte de la propriété du dessus (1) ;

5° Le mode de construction qui a prévalu jusqu'aux projets Freycinet, est celui de la confection entière de la voie, y comprise l'acquisition des terrains, par l'industrie privée. Dans ce système, la Compagnie concessionnaire est propriétaire du chemin. Toutefois, la concession du droit d'exploitation n'est que temporaire, et l'État se réserve la faculté de racheter la voie, aux termes de la concession.

Il est évident qu'un chemin de fer, dans ces conditions, est susceptible d'hypothèques, puisqu'il constitue une propriété immobilière quoique résoluble. Partant l'aliénation qu'en ferait la Compagnie concessionnaire serait sujette à transcription ;

6° Les actions immobilisées de la Banque de France et des canaux d'Orléans et du Loing constituent une propriété immobilière, dans le cas où la loi permet cette immobilisation.

Les ventes de fruits pendant par branches ou par racines ne doivent pas être transcrits. Ce sont, en

(1) Loi de 11 avril 1816, art. 8.

effet, des ventes de meubles futurs. Il en est de même des ventes de maisons à démolir dans lesquelles l'aliénation du sol n'est pas comprise.

Les aliénations d'immeubles par destination ne doivent pas être transcrites, car on les dépouille de leur caractère d'immeubles en les aliénant indépendamment du fonds auquel ils sont attachés.

Nous connaissons les diverses espèces de propriété immobilière; occupons-nous maintenant des actes translatifs de cette propriété.

Évidemment, nous ne pouvons pas ranger le partage parmi les actes translatifs. Le Code civil est formel, art. 883; le partage n'opère pas de transmission, il est simplement déclaratif. Le cohéritier auquel un immeuble échoit est censé le tenir directement du défunt.

La commission de l'Assemblée nationale en 1850 pensa que les actes de partage et les adjudications sur licitation ne devaient pas être transcrits. « On ne doit soumettre à la nécessité de la transcription, disait le rapporteur M. de Vatimesnil, que les actes qui opèrent une transmission de propriété. Or, le partage n'opère pas de transmission, il n'est que déclaratif. Le cohéritier auquel un immeuble échoit est censé le tenir directement du défunt. »

Il en est de même de la licitation lorsqu'un des cohéritiers se rend adjudicataire. Il n'y a pas d'autre mutation de propriété, dans ce cas, que celle qui s'opère au moment de l'ouverture de la succes-

sion. Et pour que le partage qui intervient ultérieurement rendit la transcription nécessaire, il faudrait
que ce partage opérât une seconde mutation. Or,
c'est ce qui n'a pas lieu.

D'ailleurs, la transcription de l'acte de partage
serait inutile. L'un des objets de la transcription
est d'avertir les tiers que la propriété a changé de
mains, afin qu'ils ne contractent plus avec l'ancien
propriétaire. Mais ceux qui contractent avec un
cohéritier avant le partage savent parfaitement que
les droits qu'ils tiennent de lui sont conditionnels et
dépendent de l'événement du partage. Ceux qui
contractent après le partage ont soin de se faire
représenter l'acte qui le constate.

La transcription doit aussi mettre un terme à la
faculté de prendre inscription sur le précédent propriétaire et la transcription de l'acte de partage ne
saurait atteindre un tel but. Elle ne peut pas empêcher les créanciers du défunt qui ont des titres
hypothécaires de prendre inscription sur le patrimoine de la succession; et si les héritiers consentent
des hypothèques sur des immeubles indivis, elles
s'évanouissent par cela seul que les immeubles hy-
pothéqués ne tombent pas dans leur lot.

La transcription de l'acte de partage serait d'autant plus inutile que le créancier de l'un des co-
partageants, qui se croirait lésé, a dans ses mains
un droit équivalent à celui qu'il puiserait dans la
nécessité de la transcription. Ce droit consiste dans

la faculté de former opposition au partage (1). Cette opposition suffit pour que le partage ne puisse pas avoir lieu hors la présence et en fraude de ce créancier. Et lui donner le pouvoir de faire considérer comme nul tout partage non transcrit antérieurement à l'inscription par lui prise, alors qu'il avait négligé de former opposition et de veiller à ses intérêts, ce serait lui concéder une faculté qui ferait double emploi avec son droit d'opposition.

Remarquons toutefois que l'acte de partage n'est dispensé de la transcription que lorsqu'il fait cesser l'indivision d'une manière absolue entre tous les communistes. Alors « qu'il soit qualifié de vente, d'échange et de transaction ou de toute autre manière (art. 888, C. civ.). il est dispensé de transcription ».

Lorsqu'il y a plus de deux héritiers, la vente que l'un d'eux ferait de sa part héréditaire à un autre héritier, n'aurait pas le caractère d'un acte de partage, puisqu'elle ne ferait pas cesser entièrement l'indivision. La logique est conforme à cette interprétation restrictive donnée à l'article 883 ; car l'idée de partage comporte naturellement celle de cessation absolue de l'indivision. Et l'idée contraire n'a pu prévaloir dans l'ancien droit que par une exten-

---

(1) Code civil, art. 882.

sion peut-être excessive de la règle qui attachait au partage un effet purement déclaratif (1).

Mais l'acte, par lequel un héritier déjà cessionnaire de l'une des parts héréditaires se rendrait cessionnaire des autres parts, ne serait pas sujet à transcription, puisque cet acte ferait cesser l'indivision entre tous les héritiers.

Un étranger, après avoir acquis la part d'un des cohéritiers, se rend cessionnaire des parts des autres, devra-t-il faire transcrire ? Cette question s'est présentée souvent au sujet des licitations. Jusqu'en 1857, la Cour de cassation avait à peu près constamment jugé que l'adjudication sur licitation d'immeubles indivis, prononcée au profit d'un tiers déjà cessionnaire de la part indivise de l'un des héritiers

(1) Certains auteurs professent une opinion contraire à celle émise au texte se fondant sur ce que les art. 883 et 889 considèrent un acte de cette nature comme un partage, puisqu'ils accordent l'action en rescision pour lésion de plus de quart. Mais, ainsi que le font remarquer Aubry et Rau (VI, par. 628, note 2), il faut se garder d'assimiler les cas prévus par l'art. 883 à celui prévu par l'art. 842. Il est évident que, pour celui qui a consenti la cession de droits, la vente constitue un partage puisqu'elle a fait cesser l'indivision à son égard. Il est alors tout naturel que l'art. 883 qui s'occupe seulement des rapports d'héritier à héritier, accorde l'action en rescision de partage. Tandis que l'art. 889 se place à un point de vue plus étendu. Il vise les droits des tiers qui ont traité avec un des cohéritiers ; et alors, dans l'espèce qui nous occupe, on ne peut appliquer, à l'égard de ces derniers, la fiction qui domine le partage, à savoir que chaque cohéritier est censé avoir toujours été propriétaire exclusif des biens tombés dans son lot et n'avoir jamais eu aucun droit sur les autres objets de la succession, puisque justement l'indivision persiste. Par suite, la cession faite dans ces conditions, ne peut avoir l'effet déclaratif, et elle présente tous les caractères d'un acte translatif sujet à transcription.

Voir dans ce sens. Demolombe, XVII, 231 et 233. — Cassat., 16 janvier 1857, 19 janvier 1811, 16 novembre 1864. — Contra. Duvergier, de la vente, 2, 117. — Moerlon. Revue pratique 1859, VIII, p. 209. — Paris, 11 janvier 1866 ; Toulouse, 14 décembre 1830.

dans ces immeubles, avait le caractère de vente et
était passible du droit proportionnel de mutation et
de transcription. Elle s'est prononcée différemment
dans un arrêt du 27 janvier 1857 et a décidé que
cette licitation avait le caractère d'un partage.

Il importe peu que la propriété des co-indivisaires
ne procède pas d'un titre commun. De quelque manière
que l'indivision se soit établie, ne faut-il pas pour
la faire cesser procéder à une licitation ou à un partage? Est-il même bien exact de dire que le cessionnaire étranger ne soit pas propriétaire au même titre
que ses co-licitants? A son égard, il y a deux époques à
considérer : celle où n'étant pas encore propriétaire, il
le devient par un acte emportant transmission de
propriété à son profit, acte, par conséquent, soumis
à la transcription ; et celle où, devenu propriétaire
en vertu de cet acte, il a, du chef de son auteur dont
il prétend la place, les mêmes droits dans les immeubles indivis qu'y avait son auteur lui-même. De
ce moment, en effet, le titre successif qui résidait
en la personne de ce dernier passe de la tête du
cédant sur la tête du cessionnaire; et dès-lors il
n'est plus vrai de dire que ce cessionnaire et ses
co-indivisaires ne soient pas propriétaires au même
titre (1).

La Chambre des requêtes a jugé cependant, mais
en matière d'enregistrement, que l'adjudication sur
licitation d'un immeuble indivis n'est affranchi de

(1) Flandin. De la Transcription, n. 208.

la transcription que lorsqu'elle est prononcée au profit de l'un des colicitants, propriétaire au même titre que ses co-indivisaires ; qu'elle est, au contraire, soumise au droit de transcription lorsqu'elle a lieu en faveur du concessionnaire étranger, de la portion indivise de l'un des co-propriétaires même depuis la loi du 23 mars 1855 qui ne dispense de la transcription que les jugements d'adjudication prononcés au profit de cohéritiers ou de co-partageants.

De tous les actes translatifs de propriété immobilière, le plus important est sans contredit le contrat de vente.

Vente. — La vente pure et simple doit être transcrite ; en est-il de même lorsqu'elle se présente sous des modalités qui modifient la portée du contrat. Ainsi il est un axiôme consacré par le Code civil, article 1589, d'après lequel la promesse de vente vaut vente. La promesse de vente est-elle sujette à transcription ?

Remarquons tout d'abord que la promesse de vente est susceptible de trois modalités bien distinctes. On peut supposer premièrement une promesse faite par une personne à une autre de lui vendre telle chose moyennant tel prix, promesse qui n'est ni acceptée ni refusée : cette promesse n'est qu'une simple pollicitation, une simple proposition.

Il peut se faire, en second lieu, que la promesse est acceptée par celui à qui elle est faite, sans que toutefois ce dernier promette lui-même d'acheter; il y a promesse unilatérale.

On peut supposer enfin que les promesses ont été réciproques, c'est-à-dire qu'il y a d'une part promesse de vendre, et l'autre promesse d'acheter, il y a donc promesse synallagmatique.

Dans le premier cas, le lien de droit n'existe pas; celui qui fait la promesse peut la révoquer tant qu'elle n'est pas acceptée; il ne peut pas y avoir lieu à transcription.

Si la promesse est unilatérale comme dans le second cas, la convention ne donne à celui en faveur de qui elle est faite et qui l'a acceptée, sans s'obliger de son côté, que le droit de contraindre l'autre partie à réaliser le contrat. Il n'y a donc pas encore transmission de propriété pouvant donner lieu à transcription. C'est seulement l'acte qui réalisera la vente ou le jugement en tenant lieu qui devra être transcrit.

Lorsqu'il y a promesse de vente synallagmatique, la promesse de vente vaut vente et doit être transcrite, soit que les parties ayant fait une vente actuelle sous seing-privé se soient mutuellement promis d'en passer ultérieurement acte authentique, soit qu'il n'y ait pas eu de vente actuelle, mais une simple promesse mutuelle pour un temps futur.

Lorsque la promesse de vente est accompagnée d'arrhes, il faut examiner quel est leur caractère. Si elles ont été données en signe d'une vente simplement projetée, dans les termes de l'article 1590, ou comme preuve d'une vente consommée. Dans le premier cas, la transcription ne devient nécessaire qu'au moment où la vente se réalisera ; elle doit être faite immédiatement dans le second (1).

La vente peut être verbale ; la transcription est impossible dans ce cas, puisqu'il n'existe aucun acte. L'acquéreur n'a d'autre ressource que de faire constater la vente par jugement, et ensuite de faire transcrire le jugement obtenu, comme l'y autorise le n° 3 de l'art. 1 de la loi du 23 mars 1855.

Si la vente a lieu par correspondance, l'acquéreur qui voudra se mettre en garde contre les actes ultérieurs de son vendeur, devra présenter à la transcription la lettre de ce dernier, où seront relatées toutes les conditions de la vente.

Vente conditionnelle. La condition insérée dans la vente est suspensive ou résolutoire.

La vente sous condition suspensive doit être transcrite ; car l'article 1179 porte que la condition accomplie a un effet rétroactif au jour auquel l'engagement a été contracté. Dans les principes du Code civil, cet effet attaché à l'accomplissement de la condition qui efface le trait de temps, qui fait réputer l'acquéreur propriétaire ab initio, aurait pour résultat de faire résoudre toutes les aliénations, toutes les hypothèques que le vendeur aurait pu consentir sur la chose vendue dans l'intervalle. (2) Mais il

(1) Flandin, n. 78 et suiv.
(2) Code civil, art. 2125.

ne saurait en être ainsi sous la loi du 23 mars 1855. Si l'acquéreur sous condition suspensive ne fait pas immédiatement transcrire son contrat, les tiers de bonne foi traiteront valablement avec le vendeur, et lorsque la condition se réalisera l'acquéreur n'ayant transcrit qu'après eux ne pourra pas se prévaloir à leur égard, de l'effet rétroactif attaché à l'accomplissement de cette condition dont on leur aura laissé ignorer l'existence. L'acquéreur serait ici d'autant plus inexcusable que l'article 1180 l'autorise à exercer, avant que la condition soit accomplie, tous les actes conservatoires de son droit. (1)

La vente conclue, à l'arbitrage d'un tiers, est une vente sous condition suspensive, car son effet rétroagit au jour de la vente lorsque l'estimation a lieu.

Vente alternative. — Les ventes alternatives sont sujettes à la transcription bien que l'objet de la vente soit incertain jusqu'au jour où le vendeur ou l'acheteur a fait son choix. Le traité n'en constitue pas moins une vente ferme. En effet, dès que le choix est effectué, la propriété de l'acheteur remonte au jour même du contrat. Il n'en est pas ici comme dans la vente faite sous condition suspensive où il n'y a pas de vente si la condition vient à défaillir (2).

Dans la vente alternative, le contrat subsiste tou-

(1) Bernolos. Explication des règles de la Transcription, n. 90. — Mourlon, Revue pratique, 1, 87, n. 11. — Troplong, n. 54.

(2) C. c., art. 1189 et 1192.

jours; et lors même que les deux immeubles vien-
draient à périr par cas fortuit avant l'option, l'acquéreur n'en devrait pas moins le prix, malgré
l'impossibilité de livrer la chose (1).

Toutes ces ventes ont un grand rapport avec la
vente conclue sous condition suspensive; c'est pour
ce motif que nous n'avons pas voulu les traiter sé-
parément. Mais nous avons dit que la vente pouvait être contractée sous condition résolutoire; da-s
ce cas, la simple lecture de l'article 1183 démou..e
surabondamment la nécessité de sa transcription
actuelle.

Vente nulle. — La vente peut être nulle ou sujette à rescision; elle peut être annulée ou rescin-
dée, mais elle est toujours translative de propriété,
et, par suite, soumise à la transcription. L'acte,
tant qu'il n'a pas été annulé, conserve son caractère apparent, et il est possible que les parties re-
noncent à se prévaloir de la nullité ou qu'elles laissent prescrire leur action. — Il arrive souvent qu'on
croit ratifier par un acte nouveau une vente nulle
d'une manière absolue, par exemple, pour défaut
de consentement ou pour défaut de cause. On ne
considère pas que le contrat n'a pas pu se former
et qu'il n'y a pas de ratification possible; car on ne
peut pas ratifier le néant. La prétendue ratification
constitue dans cette hypothèse un contrat nouveau,

(1) Dig. de contrat. emp. loi 34, par. 6. Code civil 1182.

et c'est ce contrat nouveau qui doit être présenté à la transcription.

Mais s'agit-il d'une vente simplement annulable, c'est-à-dire d'une vente atteinte d'une nullité relative, telle que celles résultant de la minorité, du défaut d'autorisation de la femme mariée, la ratification est valable et comme l'effet de cette mesure rétroagit au jour du contrat primitif, elle n'a pas besoin d'être transcrite, pourvu que le contrat lui-même ait été transcrit.

L'annulabilité de la vente provient souvent d'un défaut de formes. La ratification qui interviendrait en pareil cas ne peut pas être considérée comme une vraie ratification, puis que l'on ne peut ratifier que les conventions atteintes d'un vice, et que, dans l'espèce, la convention est réputée existante et valable. En effet, toute convention est indépendante de l'acte qui sert à la constater. Une pareille ratification constituerait une preuve de plus à ajouter à celles que peut offrir la partie qui se prévaut de la convention. Aussi, nous pensons que la transcription de la prétendue ratification n'est point d'une absolue nécessité; et la transcription de l'acte de vente seul, bien qu'il soit atteint d'une nullité de formes, produira tous ses effets si, plus tard, la vente est reconnue valable par jugement.

Quoi qu'il en soit, et bien que la transcription de l'acte de ratification ne soit pas obligatoire, il est bon de mentionner, dans tous les cas, cet acte en

marge de la transcription de l'acte de vente, afin
que les tiers voient qu'ils peuvent traiter avec l'acquéreur en toute sécurité.

Lorsque la vente est faite par l'intermédiaire d'un
mandataire, la transcription de la procuration n'est
pas nécessaire. Ce n'est pas la procuration qui
transfère la propriété, c'est la vente consentie en
vertu de cette procuration. Il suffit que le mandat
soit énoncé dans l'acte de mutation pour que les
tiers soient avertis de ce qui les intéresse. Ils pourront se faire représenter la procuration s'ils le jugent à propos (1).

La vente est faite pour autrui par un tiers qui n'a
pas de mandat. Il faut distinguer selon que le *nego-*
tiorum gestor agit pour le compte du vendeur ou
pour celui de l'acheteur.

Lorsque le *negotiorum gestor* agit au nom d'un
acquéreur éventuel, celui-ci ou plutôt le *negotiorum*
gestor devra faire transcrire le contrat immédiatement, pour se garantir contre les droits que le vendeur pourrait y acquérir du chef du vendeur, avant
la ratification. Le vendeur s'est dessaisi conditionnellement de la propriété de son immeuble au profit de l'acquéreur éventuel qui, de son côté, s'en
trouve conditionnellement investi. L'acquéreur sera
dispensé, lorsque la ratification interviendra, de
faire transcrire l'acte de ratification (2).

(1) Troplong, num. 126.
(2) Flandin, num. 125 et suiv.

Si le *negotiorum gestor* agit au nom du vendeur, la transcription que l'acquéreur opérerait avant la ratification serait efficace. Le *negotiorum gestor* n'a pas pu lui transmettre sur l'immeuble plus de droits qu'il n'en avait lui-même. Jusqu'à la ratification du propriétaire, l'acquéreur n'a qu'une expectative qu'il ne peut convertir dès à présent en un titre translatif de propriété qui seul doit servir de base à la transcription. La transcription effectuée avant la ratification sera donc inefficace parce qu'elle sera sans cause.

Dans ce cas, l'acte de ratification opère réellement la mutation de propriété, puisqu'il n'y a pas d'autre acte émanant du propriétaire de l'immeuble. La force des choses l'emporte ici sur le principe de l'art. 1179 qui, dans le cas de ratification, fait remonter la transmission de la propriété à l'acte ratifié (1).

Enfin la vente peut avoir lieu en justice, par le ministère d'un avoué qui achète, avec déclaration de command. L'effet de la déclaration de command faite et acceptée dans le terme fixé est de faire considérer le command élu comme ayant acquis directement du vendeur. Dès lors l'acquéreur sous faculté d'élire un command devra faire transcrire immédiatement pour se mettre à couvert, lui ou son command, des actes ultérieurs de son vendeur qui

(1) Mourlon. Revue prat., 1, 215, n. 26. — Troplong, n. 139. — Rivière et Huguet. Quest., n. 56.

n'est réputé dessaisi, à l'égard des tiers, que du jour de la transcription.

Il est à remarquer que le droit du command existe seulement du moment où il a été désigné pour prendre la place du premier acquéreur et si, avant de déclarer command, l'acquéreur vend l'immeuble ou le grève d'hypothèques, la vente ou les hypothèques subsisteront, nonobstant toute déclaration qu'il ferait ultérieurement d'un prétendu command. Dans ces actes, en effet, il est impossible de ne pas voir une renonciation tacite de la part de l'acquéreur, dans la faculté qu'il s'était réservée d'élire un command; et cette faculté il ne lui est plus loisible de l'exercer au préjudice des tiers auxquels il a concédé des droits sur l'immeuble.

Le command, aussitôt qu'il aura été élu, devra faire transcrire la déclaration pour se défendre contre les tiers à qui l'acquéreur viendrait à transmettre des droits sur l'immeuble, postérieurement à cette déclaration. Elle forme le titre du command; elle est pour lui l'acte véritablement translatif de propriété devant se rattacher, il est vrai, par l'effet rétroactif de son acceptation à l'acte de vente, mais se confondant avec cet acte dont elle est, par rapport à lui, un complément nécessaire (1).

Le command peut même faire transcrire avant son acceptation. Car la transcription n'est qu'un acte conservatoire; elle n'impliquera pas de sa part

(1) Troplong, n. 117.

acceptation de la déclaration de command faite à son profit. Il restera toujours libre de prendre ou de refuser le marché s'il n'avait donné mandat d'acheter pour lui. Mais s'il accepte, le command ne sera pas obligé de faire transcrire son acte d'acceptation. Sans doute, cette acceptation rétroagit au au jour de la vente; mais elle n'est pas l'acte translatif de propriété; et de plus, par la transcription de la déclaration de command, les tiers ont été suffisamment avertis des droits éventuels de ce dernier.

Contre-lettres. — Les contre-lettres n'ont point d'effet contre les tiers, article 1321. Ajoutons toutefois avec la jurisprudence que les tiers auxquels une contre-lettre est opposée, ne peuvent la faire écarter qu'à raison de leur bonne foi. Supposons que les tiers au moment où ils ont contracté avaient connaissance de la contre-lettre, l'art. 1321 cesserait d'être applicable. — Aussi, celui qui a intérêt à invoquer la contre-lettre n'a qu'à la faire transcrire pour constituer aussitôt les tiers en mauvaise foi. Avec le système de publicité organisé par la loi pour garantir les tiers de toute surprise, celui qui achète un immeuble ou qui accepte une hypothèque sur cet immeuble, sans consulter les registres du Conservateur des hypothéques commet une grave imprudence dont il doit porter la peine.

Ventes administratives. — Les personnes civiles telles que l'État, les départements, les communes, les établissements publics sont régies dans leurs intérêts privés par les mêmes les que les particuliers. L'État vend, achète, pass les baux, dans

la forme administrative sans doute, mais il n'y a pas
de raisons pour affranchir ces actes de la transcription dans tous les cas où les actes des simples particuliers y seraient assujettis; le fond de l'acte n'est-il
pas celui d'un contrat ordinaire?

La transcription est un acte de méfiance de la
part du nouveau propriétaire contre son vendeur,
dit M. Troplong. Or cette méfiance peut-elle exister
vis-à-vis de l'État et peut-on craindre que l'État,
ayant vendu un terrain à un citoyen vende ensuite
ce terrain à un autre?

Pourquoi pas? Nous ne voulons point suspecter
la bonne foi des administrateurs de l'État; mais sont-
ils infaillibles? sont-ils ensuite tellement stables que
le même administrateur puisse se promettre de
mener à bonne fin une opération par lui commencée,
et cette tâche n'incombera-t-elle pas souvent à son
successeur qui se trouve de la sorte dans la situation d'un héritier qui a ignoré la vente faite par son
auteur.

Peu importe d'ailleurs la bonne ou mauvaise foi
du vendeur; l'intérêt des tiers est en jeu et ceux-ci
peuvent avoir plus à souffrir de l'erreur que de la
mauvaise foi.

Néanmoins il convient d'ajouter que la transcription n'est pas nécessaire lorsqu'il s'agit de concessions faites à des particuliers dans un intérêt général.

Une mine est concédée, une prise d'eau est ac-

cordée, un atelier insalubre est autorisé. Il n'y a pas
transmission d'un droit existant, ni même concession d'une servitude ou d'un usage, dans le sens du
droit civil, mais plutôt création d'un droit dont l'existence est suffisamment publiée par les formes administratives; la transcription de cette concession,
de cette autorisation n'est donc pas nécessaire (1).

*Dation en paiement. — Dare in solutum est ven-
dere.* Une dation en paiement équivaut à une
vente. Le mari cède à sa femme séparée ou non
tout ou partie de ses immeubles en restitution de
sa dot ou en paiement de ses reprises; la femme
cède des immeubles à son mari en paiement de la
dot constituée, lorsqu'il y a exclusion de communauté entre eux, art. 1595 : dans ces cas et autres
semblables, il y a mutation et lieu par conséquent,
à transcription.

Cession de biens. — La cession de biens est as-
similée au paiement et sujette à transcription, si
l'on entend par cette expression l'abandon de ses
immeubles que le débiteur fait à ses créanciers et
qui a pour effet de le libérer vis-à-vis d'eux, soit en
totalité, soit pour partie et seulement jusqu'à concurrence de la valeur des immeubles abandonnés.

Il n'en est pas de même si la cession de biens
volontaire, à l'instar de la cession judiciaire qui ne
confère point la propriété aux créanciers mais leur
attribue simplement le droit de faire vendre les

(1) Brandilles. Exposé des règles relatives à la Transcription, a. 96.

biens à leur profit et d'en percevoir les revenus jusqu'à la vente, n'a que le caractère d'un mandat général donné aux créanciers de faire vendre les immeubles abandonnés pour se payer sur le prix, sauf à remettre l'excédant au débiteur, s'il y en a. Dans ce cas, il n'est point douteux que l'acte de cession ne serait pas soumis à la formalité de la transcription, puisqu'il n'opère aucune transmission de propriété aux créanciers.

Echange. — L'échange doit être transcrit puisqu'il est translatif de propriété. Il est même à remarquer que dans l'échange, chaque co-permutant est vendeur et acheteur, en sorte qu'il y a deux mutations au lieu d'une. Il suit de là que si les immeubles échangés sont situés dans des arrondissements différents, la transcription de l'acte entier doit avoir lieu dans chacun des bureaux de la situation des immeubles.

Sociétés. — On a toujours distingué, en droit, la société être moral des personnes qui la composent : ce qui s'applique aux sociétés civiles comme aux sociétés commerciales.

Art. 1845. — L'immeuble apporté dans la société par l'un des associés cesse, aussitôt l'apport effectué, d'être la propriété exclusive de celle-ci ou si l'on préfère, la propriété commune des associés considérés *ut universi.* Il est si vrai que la société est propriétaire qu'elle peut hypothéquer l'immeu-

ble ou le vendre. Or, dès qu'il y a mutation de propriété, il y a matière à transcription (1).

La transcription ne serait pas moins nécessaire
alors que ce serait la jouissance seulement et non la
propriété de l'immeuble qui serait apportée dans la
société. (2) Cette jouissance est un véritable usufruit
constitué pour un certain temps, au profit de la société. M. Flandin, n° 269, assimile la société établie
avec des apports de cette nature à la communauté
conjugale, être moral comme la société et à qui appartient la jouissance des biens propres des
époux (3). Il y a seulement, ajoute M. Flandin, cette
différence entre les deux cas, que la jouissance usu-
fructaire de la communauté conjugale étant une
conséquence légale de l'association des époux, ne
donne lieu à aucune transcription.

La communauté légale est considérée en droit
comme un être moral ayant une existence propre
et distincte de celle des conjoints. Il semble que
sous le régime de communauté légale, il ne peut
pas être question de transcrire le contrat de mariage,
puisque les immeubles des époux ne tombent pas
dans la communauté. Mais le contrat de mariage
peut contenir des clauses particulières de nature à
entraîner mutation de propriété, notamment lors-

(1) Troplong, n. 63. — Contrà, Sellier. Comment. de la loi du 23 mars
1855, n. 131. — M. Sellier prétend que les tiers sont suffisamment avertis
par la publication de l'acte de société.
(2) Art. 1851.
(3) Art. 1461 par. 2.

qu'on a inséré dans ce contrat des clauses d'ameublissement. Au moyen de ces clauses, l'un ou l'autre des époux fait entrer en communauté, conformément à l'art. 1505 du Code civil, tout ou partie de ses immeubles présents ou futurs. Ces immeubles deviennent aussitôt la propriété de la communauté et comme il y a mutation, la communauté doit faire transcrire (1).

(1) M. Troplong ne conteste pas le principe, et cependant il conclut dans un sens opposé et cite un exemple : Supposons, dit-il, que la femme ameublit par son contrat de mariage, un immeuble qu'elle avait vendu auparavant, mais qu'elle n'avait pas livré. Si le mari transcrit, l'acquéreur privé de son droit réel aura contre la femme une action en dommages-intérêts. Mais cette action, remontant à une époque antérieure au mariage, retombera sur la communauté qui est chargée des dettes mobilières des époux antérieures au mariage (art. 1409). De sorte que si la communauté échappe à la revendication de l'immeuble, elle reste sous le coup de l'action en dommages-intérêts et ne profite pas en réalité de la transcription.

Si, au contraire, la transcription n'a pas lieu, la communauté est sans doute évincée de l'immeuble par l'effet de l'action réelle de l'acquéreur, mais elle en est pleinement indemnisée par l'action en garantie qui lui appartient contre la femme. La communauté gagne donc à ne pas transcrire ; et le défaut de transcription la préservera de toute perte, au lieu qu'elle en supportera, si elle fait transcrire.

M. Mourlon répond à cette argumentation : M. Troplong se trompe évidemment ; la transcription de l'ameublissement ne peut point nuire à la communauté. Nous admettons que, dans le cas où elle conservera l'immeuble ameubli, le paiement des dommages-intérêts dûs à l'acquéreur évincé pourra être poursuivi contre elle ; mais est-il également vrai qu'y resteront, sans récompense, à sa charge ? C'est ce qu'il nous est impossible d'admettre.

L'époux, auteur de l'ameublissement, est tenu, comme l'établit M. Troplong lui-même, de la garantie envers la communauté, en cas d'éviction ; cette obligation implique pour l'époux qui a fait l'ameublissement le devoir de prendre, à sa charge exclusive, les dommages et intérêts qu'elle pourra être contrainte de payer pour la conservation de l'immeuble. Autrement, où serait l'utilité de l'ameublissement ? C'est alors le cas d'appliquer l'article 1433 du Code civil aux termes duquel toutes les fois que l'un des époux a tiré un profit personnel des biens de la communauté, il en doit récompense.

Ce principe reçoit particulièrement son application dans le cas d'ameublissement déterminé, sans limitation de somme, dont l'effet suivant, l'art. 1507 est de rendre l'immeuble ou les immeubles qui en sont frappés, biens de la communauté comme les meubles mêmes.

La transcription du contrat de mariage sera tout aussi nécessaire dans le cas d'ameublissement indéterminé. Sans doute, la communauté ne devient pas propriétaire exclusif d'un immeuble ou d'une portion précise d'immeuble; la propriété des immeubles, dans le cas dont il s'agit, n'est pas immédiatement transmise à la communauté. Mais elle acquiert avec le droit de les hypothéquer jusqu'à concurrence de la somme promise, un droit de propriété éventuelle à ces immeubles et dès lors, elle a intérêt à faire transcrire. L'époux qui a consenti l'ameublissement peut se libérer à son choix, ou par le paiement de la somme convenue ou en confondant tout ou partie de ses immeubles propres dans la communauté jusqu'à concurrence de cette somme. La communauté est donc propriétaire de ces immeubles, sous une condition suspensive qui se réalisera ou qui ne se réalisera pas, mais qui, si elle se réalise, fera réputer la communauté propriétaire, dès l'origine, de ceux de ces immeubles qui lui auront été abandonnés.

La réponse sera la même dans le cas où l'ameublissement ne porte que sur un ou plusieurs immeubles déterminés, mais avec limitation de somme.

Prélèvements. — Les prélèvements exercés sur les immeubles de communauté, art. 1470 et suivants, obligent-ils la femme qui les exerce à faire transcrire ?

La transcription n'est pas utile si la femme ac-

cepte la communauté ; alors, en effet, elle est propriétaire de la moitié des immeubles qui en dépendent. Le prélèvement qu'elle exercera sur ces
immeubles, en le supposant translatif de propriété
ne le serait donc en tout cas que de moitié. Mais on
ne doit voir dans ce prélèvement, qu'un acte faisant
cesser l'indivision entre co-propriétaires, un acte de
la nature de ceux dont parle l'art. 888, un acte
équivalent à partage et par suite non sujet à transcription. (1).

Si la femme renonce à la communauté, la solution n'est point la même et la transcription est
requise. Les prélèvements qu'opère la femme constituent dans ce cas une dation en paiement ; et toute
dation en paiement, comme nous l'avons déjà vu,
est translative de propriété.

Quant aux prélèvements que le mari exerce sur
les biens de la communauté, ils ne peuvent en aucun
cas, donner lieu à la transcription. En effet, ou la
femme accepte ou elle répudie la communauté. Si
elle accepte, les prélèvements du mari formant
l'un des actes du partage, participent de la nature
du partage lui-même. Si elle renonce, il n'est plus
question des prélèvements du mari, puisque la
communauté lui appartient toute entière.

l'emploi. — Aux termes de l'art. 1435, lorsque

(1) Il a été jugé pour ces divers motifs que les reprises exercées par la
femme acceptante sur les biens de la communauté ne sont pas soumises au
droit de mutation. Cassation, 3 août 1836, D. P., 38, 1, 210.

le mari achète un immeuble durant la communauté, la déclaration qu'il fait insérer dans l'acte que la présente acquisition est faite des deniers provenant de la vente d'un immeuble faite par la femme et pour lui servir de remploi, ne suffit point, si ce remploi n'a pas été formellement accepté par la femme.

Lorsque cette dernière accepte dans un acte distinct, suffira-t-il de transcrire l'acte de vente, ou faudra-t-il, en outre, faire transcrire l'acte d'acceptation ulterieure de la femme ?

Deux hypothèses peuvent se produire : Le mari a acheté au nom et pour le compte de sa femme, et sans se porter fort pour elle ; ou il a acheté en son nom personnel, mais dans les deux cas avec la déclaration que l'acquisition a été faite des deniers provenant de l'aliénation d'un des propres de la femme et pour lui tenir lieu de remploi.

Au premier cas, l'acceptation a un effet rétroactif au jour du contrat ; la femme est réputée avoir acquis directement du vendeur et la transcription du contrat de vente suffit. Le mari n'ayant jamais été propriétaire, n'ayant agi que comme *negotiorum gestor* de sa femme, n'aurait pu aliéner valablement ni consentir aucun droit réel valable sur cet immeuble. La non-acceptation de la femme n'aurait pas même pour résultat de faire attribuer la propriété au mari, puisqu'il n'a contracté aucun engagement personnel envers le vendeur qui se trouverait ainsi forcé de reprendre son immeuble.

La solution doit être, la même dans la seconde hypothèse. Sans doute, des auteurs comme MM. Toullier, Rodière et Pont, Troplong n'admettent pas que l'acceptation de la femme ait un effet rétroactif, au préjudice des tiers ; ils regardent la déclaration du remploi comme une offre que le mari peut retirer, tant qu'elle n'a pas été acceptée et il est censé la retirer implicitement, lorsqu'il accorde aux tiers des droits sur l'immeuble. D'après eux la femme acceptante doit prendre les choses dans l'état où le mari les a mises et la transcription de l'acte d'acceptation est donc indispensable.

Cette manière de voir n'est point juste. A quoi bon, en effet, cette déclaration du mari que l'immeuble, qu'il achète avec les deniers de sa femme, est destiné à servir à celle-ci de remploi, si cette déclaration ne doit pas le lier, si dès le lendemain il peut la rendre vaine, en aliénant l'immeuble, ou en le grevant d'hypothèques ? La faculté qui est laissée à la femme d'accepter ou de refuser le remploi ne lui est d'aucune utilité si en dehors même de tout acte d'aliénation ou d'engagement de l'immeuble par le mari, cet immeuble demeure soumis aux hypothèques légales ou judiciaires qui frappent la généralité des biens de ce dernier ?

La faculté réservée à la femme d'accepter ou de refuser le remploi implique à la disposition un caractère conditionnel dont l'effet est réglé par l'article 1179. L'acceptation ultérieure de la femme a

donc un effet rétroactif au jour de l'acquisition et
fait considérer l'immeuble comme propre à la
femme, dès cette époque.

Transactions. — La transaction n'est pas de sa
nature un acte translatif de propriété ; c'est au
contraire un acte déclaratif, car elle n'intervient et
ne peut intervenir que sur une chose douteuse. *Qui
transigit, quasi de re dubia et lite incertâ neque
finitâ transigit.....*

Il arrive cependant que la transaction au lieu
d'être simplement déclarative devienne, à certains
égards, translative de propriété lorsque, par exemple, l'une des parties reçoit un objet litigieux
pour prix de transaction. Dans ce cas, si l'objet abandonné est un immeuble, un droit réel susceptible d'hypothèques, il y aura lieu à transcription, mais pour cet objet seulement, la transaction
conservant sur le fonds du litige, son caractère
purement déclaratif.

Retraits. — Le droit de retrait est le droit de
prendre le marché d'un autre et de se rendre acquéreur à sa place. Il tend à subroger en tous les droits
résultant du contrat la personne du retrayant à celle
de l'acheteur sur qui le retrait est exercé.

Au point de vue de la transcription, nous avons
à examiner l'un des principaux effets du retrait qui
est la résolution des hypothèques ou autres droits
réels constitués par l'acheteur ou existant de son
chef sur l'immeuble, avant le retrait. Cette résolu-

tion est la conséquence du principe que le retrayant prend la place de l'acheteur sans nouvelle
mutation. Le retrayant en succédant aux droits de
l'acquéreur sur la chose, succède seulement à ses
obligations envers le vendeur ou ceux qui sont
subrogés aux droits de ce dernier (1).

Nous trouvons dans notre code civil trois espèces de retrait :

1° Le retrait successoral, art. 841.

2° Le retrait d'indivision, art. 1408, 2° alinéa.

3° Le retrait litigieux, art. 1699.

Dans aucun cas, le retrait ne nécessite une nouvelle transcription. Il ne s'agit point ici d'une nouvelle mutation et la loi du 23 mars 1855 a posé
comme règle que les actes translatifs seuls sont
soumis à la transcription. C'est à ce principe qu'il
faut strictement se rattacher; on se jetterait, autrement, sous prétexte de l'intérêt des tiers, dans une
foule d'exceptions qui auraient bientôt fait dispa-
raître la règle. Une déchéance est d'ailleurs attachée
au défaut de transcription, et c'est une raison de
plus pour ne pas étendre en cette matière, les dispositions de la loi.

Inutile d'ajouter que le retrayant n'est dispensé
de faire transcrire l'acte de retrait qu'autant que
l'acheteur dont il prend la place, aurait fait lui-
même transcrire son acte d'acquisition.

---

(1) Art. 1699, par. 2.

Résolution des contrats. — On distingue deux
espèces de résolutions. Les unes procèdent d'une
cause inhérente au contrat; telle est, en matière de
vente, la résolution motivée par le défaut de paiement du prix. Les autres s'appuient sur une cause
extrinsèque: l'ingratitude du donataire en matière
de donations. Les premières ont pour effet de faire
considérer la vente ou la donation comme non-exis-
tantes, et elles résolvent les hypothèques et autres
droits réels constitués par l'acquéreur ou le donataire sur l'immeuble, jusqu'au jour de la résolution.
Les autres n'ont pas d'effet sur le passé et n'annu-
lent le contrat que pour l'avenir.

La résolution même lorsqu'elle procède d'une
cause inhérente au contrat, doit être demandée en
justice. Rien n'empêche cependant les parties de
convenir à l'amiable de la résolution et elles peuvent dresser un acte de leurs conventions à cet
égard. Cet acte pourra bien ne renfermer sous
l'apparence d'une résolution qu'une véritable rétrocession, dont l'effet ne serait point d'anéantir les
hypothèques ou autres droits réels antérieurement
conférés sur l'immeuble: mais en dehors des cas
de fraude, le droit des parties de convenir elles-
mêmes de la résolution au lieu de la demander en
justice, ne semble pas pouvoir être mis en doute.

Lorsque la résolution s'opère ainsi à l'amiable,
l'acte qui la constate doit-il être transcrit?

Si la résolution procède d'une cause extrinsèque,

les aliénations faites, les hypothèques concédées
dans le temps intermédiaire sont maintenues ; c'est
donc une nouvelle transmission de propriété qui est
effectuée et il y a lieu, par conséquent, d'appliquer
l'article 1ᵉʳ de la loi du 23 mars 1855 (1). Peu importe d'ailleurs que la première vente ait été ou
n'ait pas été transcrite. Le vendeur redevenu propriétaire a intérêt à transcrire dans tous les cas,
pour prévenir la transcription que l'acquéreur ou
des tiers, tenant leurs droits de lui, pourraient faire
ultérieurement de la vente dont la résolution n'aurait pas été rendue publique.

La transcription n'est plus nécessaire lorsque la
résolution procède d'une cause inhérente au contrat. L'acte de vente n'est plus translatif de propriété, puisque la résolution anéantit le contrat et
fait rentrer les biens dans les mains du vendeur
comme s'ils n'en étaient jamais sortis.

Est-il dans l'esprit de la loi que l'acte de résolution soit mentionné en marge de la transcription de
l'acte originaire, en vue d'avertir les tiers de cette
résolution ?

Une pareille mention est sans doute fort utile.
Mais la loi ne l'a pas imposée et elle ne pouvait pas
l'imposer sans faire violence à son principe qui est
de ne soumettre à la transcription que les actes
translatifs de propriété. Elle ordonne la mention des

(1) Flandin, n. 231.

jugements qui prononcent une résolution ; mais l'unique sanction de la disposition qui enjoint à l'avoué de faire mention du jugement de résolution en marge de la transcription de l'acte résolu est une peine d'amende. Le défaut de mention n'entraîne nullement l'inefficacité du jugement à l'égard des tiers qui tiennent des droits réels de celui dont la propriété est annulée ou résolue.

On ne doit pas confondre, au reste, la résolution d'un acte translatif consentie à l'amiable mais en vertu d'une cause nécessaire, avec la renonciation que ferait un individu aux droits qu'il tient de cet acte, renonciation qui devrait être transcrite, conformément aux articles 1er et 2 de la loi du 23 mars 1855.

CHAPITRE V.

Effets de la transcription.

La loi du 23 mars 1855 n'a rien changé au régime du Code civil relativement aux parties ; après comme avant cette loi, la vente qui est le type du contrat translatif de propriété, reçoit sa perfection du consentement des parties et l'art. 1583 reste tout entier. L'acte lui-même n'emprunte aucun effet sanatoire à la transcription et comme nous avons eu occasion de le dire déjà, la transcription ne constitue pas une partie intégrante de l'acte ; elle n'est qu'une simple formalité postérieure à la confection de l'acte (1).

C'est respectivement aux tiers que la transcription est exigée pour dessaisir le vendeur. C'est ce qu'énonce l'art. 3 de la loi de 1855 qui ne fait que reproduire les termes de l'art. 26 de la loi du 11 brumaire an VII :

Art. 3. — Jusqu'à la transcription, les droits résultant des actes et jugements énoncés aux articles précédents ne peuvent être opposés aux tiers qui

(1) Dressolles, n. 28.

ont des droits sur l'immeuble et qui les ont conservés en se conformant aux lois.

Avant de continuer, il importe de bien préciser la signification qu'il faut donner au mot tiers dans la matière qui nous occupe.

Il faut entendre par ce mot, comme dit l'art. 8, ceux qui ont des droits sur l'immeuble, et, qui les ont conservés en se conformant aux lois.

La loi nouvelle n'a rien changé aux dispositions du Code en ce qui concerne la translation de la propriété entre parties. C'est au regard des tiers seulement que la transcription est nécessaire pour désintéresser absolument l'aliénateur, et le rendre inhabile à conférer de nouveaux droits sur la chose. Ces droits quoique postérieurs par la date de leur constitution sont confirmés par elle, s'ils sont antérieurs par celle de leur constitution.

Ce n'est pas à dire néanmoins que les règles du code civil d'après lesquelles le consentement seul transfère la propriété à l'égard de tous, en principe, ne recevront jamais d'application. En revenant à la question que nous nous sommes posée tout à l'heure, nous allons énumérer les personnes qui ne doivent pas être comprises au nombre de ceux que l'art. 3 appelle des tiers.

Evidemment ni le vendeur ni l'acquéreur, en un mot les parties ne sont pas des tiers ; il n'est pas besoin de le démontrer. Mais les héritiers ou successeurs universels ou à titre universel sont-ils des tiers ? Pas davantage ; les uns et les autres sont les continuateurs de la personne du défunt ; ils ne peuvent pas plus que lui critiquer l'opération, sous prétexte qu'elle n'a pas été transcrite.

La même décision s'applique, mais pour des motifs différents, aux créanciers chirographaires ; ils n'ont pas de droit sur l'immeuble et ne peuvent pas dès lors opposer le défaut de transcription. Les aliénations consenties par leur débiteur continueront à être valables vis-à-vis d'eux, bien qu'elles n'aient pas été transcrites ; à eux d'exiger une garantie plus sûre que leur simple titre de créanciers. C'est précisément pour écarter leurs prétentions que l'art. 3 a été rédigé tel qu'il est aujourd'hui et les auteurs de la loi se sont nettement expliqués sur la question, comme nous l'apprend M. Belleyme dans son rapport. « Les créanciers chirographaires, a répété M. Rouher commissaire du gouvernement, sont exclus du droit d'opposer le défaut de transcription, parce qu'ils n'ont pas de droits sur l'immeuble. »

Cette solution est indépendante de la saisie que les créanciers chirographaires du vendeur auraient pratiquée sur l'immeuble précédemment vendu par un acte non transcrit antérieurement au procès-verbal de saisie. La saisie, en effet ne donne pas au créancier qui la pratique un droit réel sur le bien saisi, et le créancier chirographaire doit accepter les choses dans l'état où la volonté de son

débiteur les a mises. Il n'a la faculté de saisir que
ce dont son débiteur a le droit de se dire propriétaire; et il doit respecter les contrats par lesquels
le patrimoine de celui-ci est légalement dimi-
nué (1).

On pourrait croire que le créancier hypothécaire
saisissant est dans une situation différente que le
créancier chirographaire qui opère une saisie. Il
n'en est rien; car s'il est incontestable que le créancier hypothécaire a sur l'immeuble un droit réel, ce
n'est pas en vertu de ce droit qu'il procède à la
saisie; il n'a pas besoin, pour saisir de faire appel
à son droit réel et c'est comme simple créancier
hypothécaire qu'il saisit. Cette hypothèque lui sert
vis-à-vis des autres créanciers contre lesquels elle
donne le droit de préférence, et vis-à-vis des tiers
contre lesquels elle acquiert un droit de suite; mais
vis-à-vis du débiteur lui même en tant que l'immeuble reste dans ses mains, elle n'ajoute rien aux
droits qui résultent de la simple qualité de créancier. Si donc il survient une vente avant la transcription du procès-verbal de saisie, sa saisie tombe
comme tomberait celle d'un créancier chirographaire. Seulement, il conserve et peut exercer contre
l'acquéreur tous les droits inhérents à son hypothèque. Et pour en revenir aux termes de l'art. 3, le
créancier hypothécaire est un tiers ayant des droits
sur l'immeuble et les ayant conservés, en se con-

(1) Troplong, n. 117.

formant aux lois; mais ces droits, quels sont-ils? C'est l'hypothèque et les droits qui en dépendent : ce n'est pas la faculté de poursuivre et de mener à fin la vente, faculté qui est distincte et indépendante de l'hypothèque.

Il faut évidemment placer au nombre des personnes qui ne peuvent pas opposer le défaut de transcription celles qui sont chargées de faire transcrire pour les incapables, tels que les maris, tuteurs, etc. C'est le cas d'appliquer l'article 941 du Code civil, qui repose sur un principe de droit commun et qui est applicable aux actes à titre onéreux aussi bien qu'aux actes à titre gratuit : « Le défaut de transcription pourra être opposé par toutes personnes ayant intérêt, *excepté toutefois celles qui sont chargées de faire faire la transcription ou leurs ayants-cause* et le donateur.

A qui doit s'appliquer cette expression : « *leurs ayants-cause?* » S'applique-t-elle également à l'acquéreur à titre particulier ou au créancier hypothécaire de ces mêmes tuteurs, maris, etc.? Nous examinerons plus tard cette question relativement aux donations. Quant aux actes à titre onéreux, le texte si général de l'article 3, la pensée qui a inspiré la loi de 1855 et qui a eu particulièrement en vue les intérêts du crédit foncier, doivent conduire à faire adopter sans hésitation la dernière jurisprudence de la Cour de cassation (1), qui déclare que le

(1) Cassation, 1 janvier 1840, 10 mars 1840.

créancier hypothécaire d'un donateur, chargé comme mari, de faire transcrire la donation qu'il a faite à sa femme; que l'acquéreur, qui a acheté de ce même donateur un immeuble, ne sont pas des ayants-cause du mari donateur dans le sens de l'article 941, mais, au contraire, des tiers, et que, par suite, ils sont recevables à opposer à la femme le défaut de la transcription (1).

Un commerçant a vendu un immeuble à une époque où il pouvait le faire valablement; il est déclaré en faillite avant la transcription de l'acte d'aliénation. La transcription faite après le jugement déclaratif de faillite sera-t-elle opposable à la masse?

L'article 443 du Code de commerce nous dit que « le jugement déclaratif de la faillite emporte de plein droit, à partir de sa date, dessaisissement pour le failli de l'administration de tous ses biens, même de ceux qui peuvent lui échoir tant qu'il est en état de faillite ». Et l'effet de ce dessaisissement ne peut pas être mieux comparé qu'à celui d'une saisie; et nous savons que la transcription, quoique faite postérieurement à la saisie, est valable à l'égard des créanciers saisissants.

Le commerçant tombé en faillite conserve donc son droit de faire transcrire après le jugement déclaratif de faillite. Mais nous croyons, d'après les articles 490 et 517 du Code de commerce combinés, bien que la qustion soit controversée, que le jugement déclaratif de faillite emporte hypothèque au profit de la masse. Cette hypothèque est un droit réel; elle confère, par conséquent, aux créanciers chirographaires de la faillite le droit de se prévaloir contre l'acquéreur qui n'a pas fait transcrire, du défaut de transcription; mais les créanciers ne peuvent exercer cette faculté qu'à la condition que cette hypothèque soit inscrite et seulement à dater de l'inscription. Il est incontestable, en effet, bien que l'hypothèque et l'inscription soient deux choses complétement distinctes, que l'hypothèque n'a d'existence à l'égard des tiers que par l'inscription (1).

M. Mourlon (2) décide que, dans aucun cas, même après l'inscription prise par le syndic, les créanciers ne peuvent opposer le défaut de transcription. Il faudrait, pour se prononcer dans ce sens, admettre que les créanciers n'ont pas de droit hypothécaire sur le patrimoine du failli, même après l'inscription de l'article 490. Cette inscription ne servait qu'à donner une plus grande publicité à la faillite; nous croyons que cette doctrine serait en contradiction flagrante avec le texte et l'esprit de l'article 490.

Les tiers doivent avoir des droits sur l'immeuble pour pouvoir exciper du défaut de transcription, et ces droits ils doivent les avoir conservés en se conformant aux lois, c'est-à-dire que les tiers ne pour-

(1) Aubry et Rau, par. 209, texte et note 91; Flandin, II, 857 et suiv. — Ourard, Troplong n. 152.

(2) Mourlon. Examen crit. Appendice, n. 244 à la note.

ront se prévaloir de leur titre contre leurs adver-
sares que lorsqu'ils l'auront publié et publié antérieurement à l'acte qu'on leur oppose. Le principe,
en cette matière, est qu'entre deux actes sujets à
transcription sera préféré celui qui aura été le premier soumis à la formalité, encore que le premier
transcrit soit le second en date. Nous allons examiner, aussi rapidement que nous le pourrons, les
cas où il y aura conflit entre les deux ayants-droit
et où le principe devra recevoir son application.

Le même immeuble a été vendu à deux acquéreurs successivement et ni l'un ni l'autre de ces
acquéreurs n'a fait transcrire. Ils ne pourront ni
l'un ni l'autre bénéficier de l'article 3 pour se reprocher le défaut de transcription et l'on retombera
dans la règle : *Prior tempore. potior jure.* Le
second acquéreur viendrait dire vainement au premier que s'il avait fait transcrire son contrat, cette
transcription l'eut mis en garde contre la fraude du
vendeur et qu'il a commis une faute en ne transcrivant pas; qu'il lui doit des dommages-intérêts et
que l'équivalent de ces dommages-intérêts est la
cession de son action en revendication sur l'immeuble.

Le premier acquéreur répondra avec raison que
la transcription était pour lui de pure faculté. Rien
ne l'obligeait à remplir cette formalité, s'il voulait
encourir les risques et c'est au second acquéreur à
s'imputer sa propre négligence puisque si lui-même

avait fait transcrire, il pourrait se prévaloir de la disposition de l'art. 3, et se faire préférer ainsi dans la propriété de l'immeuble (1).

Le second acquéreur évincé a, du reste, un recours contre son vendeur (2).

Entre deux acquéreurs d'un même immeuble qui l'ont acheté successivement du même propriétaire doit être préféré celui qui a fait transcrire le premier, quoique son titre soit moins ancien. C'est un des principes primordiaux de la loi de 1855; il est consacré par l'exposé des motifs de cette loi dans les termes suivants : « Mais il est de principe que s'il avait été fait par le même propriétaire deux ou plusieurs aliénations du même immeuble ou des mêmes droits réels celle qui aurait été inscrite la première exclurait toutes les autres à moins que celui qui le premier a rempli cette formalité n'eut participé à la fraude,

Telle est la règle. On doit se demander dès lors si, pour qu'il en soit ainsi, le second acquéreur doit avoir ignoré, au moment de son acquisition, la vente antérieure faite au premier ?

Nous estimons que la connaissance que pourrait avoir eue le second acquéreur de l'existence d'une première vente non transcrite ne l'empêchait pas de se prévaloir du défaut de transcription. En effet, pour constituer le second acquéreur en fraude, pour

(1) Bruxelles, n. 42.
(2) Art. 1635.

établir sa mauvaise foi, il est nécessaire qu'il se
soi. produit des faits directs et personnels annon-
çant de sa part une fraude concertée entre le vendeur et lui pour déposséder le premier acheteur ; si
celui-ci avait été victime moins de sa négligence
que d'une manœuvre concertée par le vendeur de
complicité avec le second acquéreur, il serait impossible de laisser la transcription couvrir un acte
de la plus insigne mauvaise foi. Mais il ne faudrait
pas croire que dans le cas où le deuxième acquéreur nonobstant la connaissance qu'il a de la première vente, ne se fait pas scrupule, parce que cette
vente n'aura pas été transcrite, de traiter avec le
vendeur comme s'il était encore propriétaire, il se
rend nécessairement complice de la fraude. Non,
on n'est pas coupable de fraude quand on ne fait
qu'user de son droit : *Nullus videtur dolo facere
qui suo jure utitur* (1).

Etablissons des hypothèses sur le principe que
nous venons de poser.

Primus vend un immeuble à Secundus qui ne
fait pas transcrire. Quelque temps après, Secundus
revend l'immeuble à Tertius, qui se borne à faire
transcrire son propre contrat. Mais dans l'intervalle
qui s'est écoulé entre la première vente et la
deuxième, Primus a revendu une deuxième fois
l'immeuble à Quartus ; seulement Quartus n'a fait
transcrire son contrat qu'après que Tertius a fait

(1) Dig., De Reg. juris. Lei, 55.

transcrire le sien. A qui l'immeuble appartient-il définitivement ?

Si l'on se décidait par les règles d'une logique inexorable, on dirait : Quartus doit être préféré à Secundus, puisque Qartus a fait transcrire et que Secundus ne l'a pas fait. Or, si Quartus l'emporte sur Secundus, il doit l'emporter également sur Tertius, qui ne peut pas avoir plus de droits que Secundus son auteur.

On objecte : Voyez le caractère des prétentions des deux rivaux : d'un côté, c'est Quartus qui a acheté le premier, qui aurait dû faire transcrire et qui, au lieu de cela, s'endort dans une négligence blâmable; de l'autre côté, c'est Tertius qui a consulté les registres qui n'a vu ni transcription, ni inscription; qui, immédiatement après son acquisition, s'est empressé de se mettre en règle avec la loi, d'obéir à ses prescriptions. Il aurait dû faire transcrire le contrat de Secundus ? Mais quelle règle lui en faisait une obligation et qu'importait du reste cette transcription à Quartus ? Que lui importe que ce soit le contrat de Secundus ou un autre qui ait été transcrit ? On a transcrit avant lui, voilà l'essentiel. Il a été négligent; qu'il supporte la peine de sa négligence.

Nous n'aurions pas d'objections à opposer à ce raisonnement, si la transcription était portée au nom de l'immeuble vendu; mais nous savons qu'elle s'opère au nom de la personne. Et lorsque Quartus aura voulu savoir si Primus, son vendeur, était encore propriétaire, il se sera informé, en consultant les registres de la conservation, de la situation hypothécaire. La première vente n'ayant pas été transcrite, le conservateur lui aura répondu par un certificat négatif. Et dès lors, en transcrivant son titre, il se sera nécessairement cru à l'abri de toute éviction; et Quartus n'a aucun renseignement à prendre en dehors de ceux fournis par les registres hypothécaires. La loi, par la publicité de ses registres, prend et lui communique tous les renseignements nécessaires ; et ce que la loi fait, Quartus a tout au moins le droit de le croire bien fait, et il n'a pas de faute à se reprocher.

Pourquoi Tertius n'agissait-il pas de la même manière ? Sans doute, il a fait transcrire son titre, mais celui de Secundus ne l'a pas été ; et Secundus ne s'étant pas conformé à la loi, n'avait sur l'immeuble actuellement en litige qu'un droit purement relatif. Secundus, et par suite Tertius, son ayant-cause, se trouvaient en présence d'un vendeur qui n'était dessaisi de la propriété qu'en ce qui les concernait et non point au regard des tiers. Et dès lors, puisque la formalité a été omise, ce sont eux qui doivent en souffrir.

Supposons que plusieurs ventes successives d'un même immeuble ont été effectuées ; la transcription du dernier contrat suffit-elle pour affranchir cet immeuble de tous droits réels créés antérieurement et qui n'auraient pas été rendus publics avant cette transcription ?

M. Ducruet (1) soutient que les acquéreurs intermédiaires qui n'ont pas transcrit n'ont eu qu'un droit relatif sur la chose et par conséquent qu'ils n'ont pas dessaisi le vendeur originaire, lequel a pu conférer des droits à des tiers. La transcription du dernier contrat n'a pas pu avoir d'influence sur la situation du premier vendeur ou de ceux qui ont acquis par lui des droits sur l'immeuble, parce que si la transcription porte sur le même immeuble, elle ne porte pas sur les mêmes parties et au bureau des hypothèques il n'y a de tables que pour les personnes, il n'y en a pas pour les immeubles.

Nous répondons et nous croyons que la loi du 23 mars 1855 en établissant que la vente ne serait translative au regard des tiers que par la transcription et que jusqu'à cette transcription l'ancien propriétaire ne serait pas réputé dépossédé, qu'il pourrait faire une nouvelle vente de l'immeuble, le grever d'hypothèques au mépris des droits précédemment conférés sur cet immeuble, et cela pour que les tiers ne fussent pas victimes de l'ignorance où les aurait tenus le défaut de publicité donné à cette mutation, cette loi avertissait l'acquéreur du danger que lui ferait courir sa négligence à faire transcrire. Mais aussi, par une juste réciprocité, elle devait pourvoir à la sûreté de cet acquéreur, en le mettant à l'abri

(1) Études sur la Transcription, n. 11.

de toute recherche de la part des tiers qui ayant des droits sur l'immeuble, ne les auraient pas, de leur côté, rendus notoires avant la transcription. Et c'est précisément cette corrélation de d.oits et de devoirs qui est consacrée par les articles 3 et 6 de la loi du 23 mars 1855.

Il peut se présenter des difficultés dans la combinaison des principes de la transcription avec la loi de 1855.

Ecartons d'abord une hypothèse dont la solution ne saurait être douteuse. Primus vend un immeuble à Secundus qui n. fait pas transcrire, mais qui possède pen' re: ce n: .ns. Dans l'intervalle, Primus revend : : : :us qui fait transcrire, mais qui ne revendique qu'après les trente années de possession de Secundus. Tertius ne pourra pas se prévaloir évidemment du défaut de transcription, car Secundus lui répondrait que son droit est fondé non point sur son titre, mais sur la prescription. Secundus doit se trouver dans une position au moins aussi avantageuse que celle d'un usurpateur : or celui-ci a incontestablement le droit de repousser Tertius.

Mais la question devient plus délicate, lorsque au lieu de se fonder sur la prescription trentenaire, Secundus invoque la prescription de dix à vingt ans. Nous croyons que dans ce cas, la prétention de Tertius devra être écoutée. En effet, ce n'est pas dans la prescription seule, c'est aussi dans le titre que se trouve le fondement de l'exception que

Secundus veut opposer à Tertius sans le titre, il ne
pourrait invoquer que la prescription de trente ans.
Or, du moment où il invoque un titre, il ne peut
s'en faire une arme à l'égard des tiers qu'à la condition de l'avoir fait transcrire.

La solution doit-elle être la même si Tertius, au
lieu de revendiquer comme ayant cause de Primus,
revendique comme propriétaire, en établissant que
Primus a vendu un bien qui ne lui appartenait pas?
Nous le pensons. En effet, d'après les coutumes des
pays de nantissement, la prescription avec titre ne
courait que du jour de l'ensaisinement (1). D'après
l'article 25 de la loi du 11 brumaire, la transcription
du jugement d'adjudication était nécessaire pour
que l'adjudicateur pût prescrire par dix à vingt ans.
Enfin d'après l'article 2181 du Code civil, la transcription du titre détermine seule le point de départ
de la prescription de l'hypothèque Cette opinion
n'est-elle pas raisonnable? Faut-il que le propriétaire qui est Tertius dans l'espèce, soit dépouillé
par l'effet d'un contrat qu'on lui a laissé ignorer?
Aussi c'est en ce sens que la Cour de Lyon s'est
prononcé par un arrêt du 17 février 1834.

MM. Flandin et Troplong décident que celui-là
doit être préféré qui est le premier inscrit sur le
registre, qui peut invoquer la priorité du numéro
d'ordre. Mais il existe une nuance entre les doctrines des deux magistrats. Suivant M. Troplong, les

(1) Ricard, sur Amiens, tit. II, art. 34.

énonciations du registre de dépôt forment une présomption, un indice à prendre en considération par
le juge, sans que l'acte présenté le premier dans le
même jour pour être transcrit l'emporte nécessairement et absolument sur l'autre. Le fait du Conservateur ne forme pas une présomption *juris et de jure*;
on peut le discuter et le réfuter. Le champ de la
controverse est ouvert sur ce terrain, et le juge ne
s'arrêtera à cet élément de conviction qu'autant que
rien dans son esprit ne sera de nature à l'infirmer.

M. Flandin, au contraire, soutient que les énonciations du registre de dépôt forment pour celui qui
les invoque une preuve complète qui ne peut être
détruite que par la preuve contraire, laquelle reste
à la charge de l'adversaire. Cette manière de voir
nous paraît préférable, car : *Optima lex quœ mini-*
mum reliquit arbitrio judicis : optimus judex qui
minimum sibi (1).

Sans doute, l'article 3 dit : Qu'entre deux actes
en conflit et tous deux soumis à la formalité de la
transcription, celui-là est préférable à l'autre qui a
été transcrit le premier. Mais s'il est dans l'esprit
de la loi qu'entre deux transcriptions de dates différentes la première doit être préférée à la seconde, l'article 3 ne dit pas qu'entre deux transcriptions du même jour, on doive donner la priorité à
celle qui occupe matériellement la première place
sur le registre.

(1) Bœhm, Aphorismes, aonb. 66.

Lorsqu'il y a interversion des actes sur le registre de transcription, de façon que l'ordre matériel d'inscription ne concorde plus avec l'ordre numérique du registre de dépôt, c'est à ce dernier qu'on doit donner la préférence, parce que l'inscription sur ce registre étant faite au moment même de la présentation des actes, il y a moins de chances d'erreur pour ce cas que pour l'autre.

La même difficulté existe pour le cas où un acquéreur et un créancier hypotécaire auraient transcrit et prisinscription le même jour; elle devra être résolue de même, et la préférence sera réglée par les indications que fournira le registre de dépôt.

Si deux acquéreurs se présentent ensemble pour faire transcrire, la priorité appartiendra à l'acquéreur premier en date; et si les acquéreurs sont du même jour, elle appartiendra à l'acquéreur qui aura été mis le premier en possession. Mais si aucune prise de possession n'a eu lieu, sera préféré l'acquéreur qui en fait (fait pour lequel la preuve testimoniale serait admise), aura traité le premier avec le vendeur.

Nous devons remarquer, en terminant que, quelle que soit aujourd'hui l'importance de la transcription, par rapport à la transmission de la propriété immobilière, il ne faut pas croire cependant que la loi du 23 mars 1855, ait porté aucune atteinte au principe de l'article 2182, principe d'après lequel

« le vendeur ne transmet à l'acquéreur que la propriété et les droits qu'il avait lui-même sur la propriété vendue. » Telle était également la disposition de l'article 28 de la loi du 11 brumaire an VII. C'est d'après ce principe que nous résoudrons l'hypothèse suivante qui peut se produire.

Primus vend un immeuble à Secundus qui ne transcrit pas. Primus, refusant d'exécuter le marché, Secundus l'actionne en délivrance de l'immeuble. Pendant l'instance, Primus revend ce même immeuble à Tertius, qui, ignorant le procès, achète de bonne foi et fait transcrire : « Qu'importe contre Tertius, dit avec Justinien, M. Troplong, le jugement qui interviendra au profit de Secundus? On ne conteste pas que Primus ne fût propriétaire, et qu'il n'eût vendu une première fois quand il a revendu à Tertius. Mais Secundus, n'ayant pas transcrit et n'ayant pas rompu, à l'égard des tiers, le lien qui unissait Primus à la chose, toute procédure qu'il a suivie est inutile, et la transcription règlera le sort des deux acquisiteurs bien que soit intervenu le jugement, lequel n'est que déclaratif de points reconnus, dureste, et avoués (1). »

Mentions des jugements. — La publicité que les lois françaises ont voulu obtenir au moyen de la transcription est complétée par certaines mentions, qui doivent être faites en marge des actes transcrits. Ainsi l'article 4 de la loi de 1855 dispose : « Tout

(1) Troplong, n. 162.

jugement prononçant la résolution, nullité ou rescision d'un acte transcrit, doit dans le mois à dater du jour où il a acquis l'autorité de la chose jugée, être mentionné en marge de la transcription faite sur le registre. L'avoué, qui a obtenu ce jugement, est tenu, sous peine de cent francs d'amende, de faire opérer cette mention, en remettant un bordereau, rédigé et signé par lui, conservateur, qui lui en donne récepissé ».

L'article parle de jugements qui prononcent une résolution, une nullité ou une rescision. Il ne faut pas en conclure qu'il ne s'applique point aux sentences qui constatent les vices d'un contrat. Cette interprétation restrictive ne serait certainement pas conforme aux intentions du législateur.

J'étendrai, au contraire, la même règle au cas d'une vente à pacte de rachat, d'un retrait, d'une révocation, d'un acte frauduleux, et même d'une réduction de donation excessive, parce que la réduction est une rescision partielle.

Enfin je l'appliquerai même aux jugements de surenchère ou sur folle enchère, bien qu'il faille les faire également transcrire.

L'art. 4 ne régit que les jugements qui ont force de chose jugée ; c'est-à-dire qui ne sont pas ou qui ne sont plus attaquables par la voie de l'opposition ou de l'appel.

Ces mentions sont de simples renseignements que la loi veut procurer aux tiers, sans qu'ils puissent exercer un recours en dommages et intérêts, lorsque l'absence de ces mentions les a induits en erreur.

Seulement l'avoué qui est coupable de négligence est passible d'une amende de cent francs.

CHAPITRE VI

Transmissions à titre gratuit.

On lit dans le dernier alinéa de l'art. 11 de la loi de 1855 : il n'est point dérogé aux dispositions du Code Napoléon relatives à la transcription des actes portant donation ou contenant des dispositions à charge de rendre; elles continueront à recevoir leur exécution. »

Les donations et les substitutions étaient, en effet, soumises déjà au régime de la publicité et devaient être transcrites, conformément aux dispositions des articles 939 et 1069. L'accomplissement de la formalité de la transcription lorsqu'elle avait lieu en temps utile assurait et assure au donataire, aujourd'hui comme avant la loi de 1855, un droit incommutable sur l'immeuble donné, en même temps qu'elle prive le donateur du pouvoir d'aliéner le même bien une seconde fois et de le grever de charges nouvelles.

Relativement aux donations, l'art. 911 prévoit le cas où la transcription n'a point été faite. « Le défaut de transcription est-il dit dans cet article, pourra être opposé par toutes personnes ayant intérêt, excepté toutefois celles qui sont chargées de faire faire la transcription, ou leurs ayants-cause et le donateur. »

Cette brève disposition n'a pas toute la clarté désirable et les commentateurs sont loin de s'entendre sur le sens qu'il faut attribuer. Les uns prétendent qu'elle reproduit l'art. 27 de l'ordonnance de février de 1731, qui est ainsi conçu :

« Le défaut de l'insinuation des donations qui y sont sujettes à peine de nullité, pourra être opposé, tant par les tiers acquéreurs et créanciers du donateur, que par ses héritiers, donataires postérieurs ou légataires, et généralement par tous ceux qui y auront intérêt, autres néanmoins que le donateur, et la disposition du présent article aura lieu encore que le donateur se fût chargé expressément de faire insinuer les donations, à peine de tous dépens, dommages et intérêts, laquelle clause sera regardée comme nulle et de nul effet. »

Les autres affirment qu'elle s'explique par l'article 26 de la loi du 11 brumaire an VII, dont voici la teneur :

« Les actes translatifs de biens et droits susceptibles d'hypothèques doivent être transcrits sur les registres du bureau de la conservation des hypothèques dans l'arrondissement duquel les biens sont situés. Jusque-là ils ne peuvent être opposés aux tiers qui auraient contracté avec le vendeur, et qui se seraient conformés aux dispositions de la présente. »

L'intérêt de cette question provient de ce que l'art. 27 de l'ordonnance de 1731 énumérerait, comme on le voit, les personnes qui pouvaient invoquer le défaut d'insinuation, et citait parmi elles les créanciers, les héritiers et les légataires du donateur.

Au contraire, d'après l'art. 26 de la loi de brumaire, le défaut de transcription ne profitait qu'aux tiers qui avaient acquis des droits réels sur l'immeuble aliéné, en contractant avec l'ancien propriétaire et en se conformant aux lois pour les publier.

Il est donc important de savoir si l'article 941 doit s'expliquer à l'aide de l'art. 27 de l'ordonnance ou de l'art. 26 de la loi ; dans le premier cas, les créanciers chirographaires, les légataires et les héritiers du donateur peuvent opposer le défaut de transcription, et dans le second, ils sont privés de ce droit et doivent subir les donation qui n'auraient pas été transcrites.

Les travaux préparatoires du Code ne jettent qu'une lumière confuse sur cette question. Il n'y a point de renseignement utile à puiser dans la discussion, dont l'art. 941 a été l'objet au Conseil d'Etat. Quant à l'exposé des motifs et au rapport du tribunat qui sont relatifs au titre des *Donations entre-vifs et des Testaments*, ils se contredisent sur des points capitaux. C'est ainsi que l'un accorde et l'autre refuse à l'héritier du donateur le droit d'opposer le défaut de transcription (1). Le tribun Jau-

(1) Fenet, XII, p. 346 et 347.

bert a même singulièrement paraphrasé notre article, lorsqu'il a fait entrer dans l'exception de sa règle le donateur, qui comprend aussi nécessairement, selon lui, les donateurs postérieurs, les cessionnaires et les héritiers du donateur (1). Que devient dès lors la règle, si telle est l'exception?

Cependant au milieu de ces contradictions, tout le monde acceptait au Conseil d'Etat et au Corps législatif une idée qui est exprimée par Bigot-Préameneu dans l'exposé des motifs : « Toute cette législation relative à la publicité des actes de donations entre-vifs est devenue inutile, depuis que, par la loi qui s'exécute maintenant en France (loi du 11 brumaire an VII), non-seulement ces actes, mais encore toutes les aliénations d'immeubles doivent être rendus publics par la transcription sur des registres ouverts à quiconque veut les consulter. L'objet de toutes les lois sur les insinuations sera donc entièrement rempli, en ordonnant que, lorsqu'il y aura donation de biens succeptibles d'hypothèques, la transcription des actes contenant la donation devra être faite aux bureaux des hypothèques dans l'arrondissement desquels les biens sont situés (2).

Ces paroles ne prouvent-elles pas que les rédacteurs du Code rattachaient l'art. 941 à loi du 11 brumaire an VII ?

(1) Ibid., XII. p. 247.
(2) Fenet, XII, p. 547.

On ne saurait admettre, du reste, que l'art. 941 soit une copie de l'art. 27 de l'ordonnance. En effet, celui-ci ne parle pas des personnes qui sont chargées de faire transcrire et de leurs ayants-cause. Il renferme, en revanche, une disposition qui ne se trouve point au Code, et qui annule la clause par laquelle le donateur se serait chargé expressément de faire insinuer les donations, à peine de tous dépens, dommages et intérêts. »

L'art. 941 diffère donc profondément de l'art. 27 par sa rédaction; mais, par son esprit, il s'en éloigne bien davantage, car l'ordonnance de 1731 se préoccupait surtout de l'intérêt des héritiers, que le Code n'avait pas en vue lorsqu'il exigeait la publicité des donations. Ce qui le prouve, c'est que l'art. 939 ne parle que des biens susceptibles d'hypothèques. Les héritiers n'ont-ils pas un intérêt égal à connaître les aliénations de meubles et celles d'immeubles que leur auteur aurait pu faire?

Tous ces motifs doivent nous amener à interpréter l'art. 941 par l'art. 26 de la loi de brumaire et à décider que le défaut de transcription d'une donation de biens susceptibles d'hypothèques, peut être opposé par les tiers qui auraient acquis en contractant avec le donateur, des droits réels sur l'immeuble donné, et qui les auraient conservés, en les publiant conformément aux lois.

Cette règle comprend les acquéreurs des droits réels, tels que les acheteurs et les créanciers hypo-

thécaires, et elle exclut les créanciers chirographaires, les légataires et les héritiers du donateur,
ainsi que tous les tiers qui n'auraient pas contracté
avec eux.

On a soulevé une distinction entre les acquéreurs
à titre onéreux et les acquéreurs à titre gratuit, et
priver ceux-ci du bénéfice de l'art. 941; mais les
articles 1070 et 1072 qu'on cite à l'appui de cette
doctrine, sont entièrement étrangers à la matière de
la transcription des donations entre-vifs et ne prou-
vent nullement que les donataires postérieurs ne
peuvent opposer le défaut de transcription.

Les termes de l'art. 11 sont bien clairs et bien
formels; ils veulent dire, selon nous, que la loi de
1855, ayant été faite en vue des contrats à titre
onéreux, laisse complètement en dehors de ses
prescriptions, tout ce qui concerne la matière des
donations; qu'elle retranche et n'ajoute rien aux
dispositions du Code; qu'elle doit rester étrangère
à toutes les questions qu'il faisait naître, et que ces
questions doivent continuer à se résoudre comme
par le passé, aucun de leurs éléments n'ayant été
ni changé ni modifié.

Si simple et si naturelle que paraisse cette explication, elle a pourtant trouvé des contradicteurs:
et des auteurs qui, sous le Code, et en telle hypothèse, n'exigeaient pas la transcription ont, dans les
mêmes circonstances, jugé l'accomplissement de
cette formalité nécessaire d'après la loi nouvelle. Ce

changement d'opinion s'est produit notamment en
ce qui concerne les donations de servitude, d'usage
et d'habitation et les institutions contractuelles ;
comme les donations de servitude, d'usage et d'habitation ne rentrent pas dans le cadre que je me
suis tracé, je ne m'en occupe point. Ces donations
ne doivent pas d'ailleurs être transcrites puisqu'il
s'agit de biens qui ne sont pas susceptibles d'hypothèques. Mais j'estime que les donations contractuelles étant dispensées autrefois de la transcription, d'après l'opinion générale, la même décision
doit encore être donnée.

Ce genre de libéralité doit être assimilé à une
disposition testamentaire. N'est-ce pas un don de
succession, *dalio successionis?* Le disposant ne
reste-t-il pas, comme dans le cas de testament,
maître de vendre, d'hypothéquer, de dissiper sa
chose? Pourquoi donc ne pas faire rentrer ces
deux actes sous l'empire de la même règle?

Et puis, quelle sera't l'utilité de la transcription
en pareille hypothèse? La transcription ayant pour
objet d'arrêter les aliénations totales ou partielles
qui interviennent après son accomplissement, elle
manquerait évidemment son but, puisque le disposant continue à pouvoir faire, relativement au bien,
objet de l'institution, toute sorte de conventions à
titre onéreux? Elle paralyserait, il est vrai, l'effet
des donations ultérieures ; mais, y aurait-il donc de
si grands inconvénients à faire produire ce résultat

à l'institution elle-même, indépendamment de toute transcription?

Le porte-t-on à l'époque de la mort de l'instituant? Veut-on protéger les droits de ceux qui ont contracté avec ses héritiers, dans l'ignorance de l'institution? Mais alors ce n'est plus l'institution elle-même qui rend la transcription nécessaire, c'est la mort du disposant. Or, la loi de 1855 n'a pas voulu précisément se préoccuper de cet événement; elle l'a considéré comme n'étant pas de nature à tomber sous son application.

Disons enfin qu'on a discuté sur le point de savoir si les donations entre époux devaient être transcrites. Je crois que le Code n'a pas fait de distinction à ce point de vue, entre ces donations et les donations ordinaires; aucun texte ne fait, en effet, mention d'un régime particulier pour ces donations. La solution ne saurait, dès lors, être douteuse : elles sont soumises à la formalité de la transcription.

Substitutions. — Nous avons vu déjà que les substitutions étaient soumises à la formalité de la transcription par l'art. 1069. Quelles seront les conséquences du défaut de transcription dans le cas de substitution?

Elles sont prévues par l'art. 1070 : « Le défaut de transcription de l'acte contenant la disposition, pourra être opposé par les créanciers et tiers acquéreurs, même aux mineurs et interdits, sauf le recours contre le grevé et contre le tuteur à l'exécution et sans que les mineurs ou interdits puissent être restitués contre ce défaut de transcription, quand même le grevé et le tuteur se trouveraient insolvables. »

Cet article présente des difficultés sérieuses. Il est la reproduction maladroite de l'art. 32 du titre II de l'ordonnance de 1747. Or, cette ordonnance dans les articles 27 et 30 du même titre, fixait le délai dans lesquel les substitutions devaient être rendues publiques. Publiées et enregistrées dans les délais légaux, les substitions avaient un effet rétroactif qui sauvegardait les droits des appelés (art. 28). Les publicatons et les enregistrements tardifs ne produisaient d'effet qu'à leur date (art. 29).

Ces règles de l'ordonnance n'ont pas été reproduites dans le Code qui ne fixe pas de délai semblable à celui des articles 27 et 30.

Il découle de cette omission que, si l'on prend l'art. 1070 à la lettre, les droits des appelés seront primés par ceux des personnes qui traiteront avec le grevé, avant qu'il ait été possible de remplir les formalités de l'art. 1069. Il en sera de même à l'égard de tous les créanciers du grevé qui auront traité avec lui, avant qu'il ait acquis les biens substitués, parce qu'il y aura nécessairement un instant où le grevé sera propriétaire des biens substitués, sans que la transcription ait été faite. Cette dernière règle ne souffrira qu'une exception bizarre, qui frappera la femme du grevé et son hypothèque légale, en vertu de l'art. 1054.

Ces conséquences sont inadmissibles ; car elles favorisent les personnes qui n'ont pas dû compter sur les biens substitués, aux dépens des appelés dont les droits seront entamés le plus eouvent, sans qu'ils puissent se plaindre de personne et exercer un recours contre le grevé ou le tuteur de l'exécution.

La lettre de la loi contredit évidemment son esprit et il faut trouver un correctif à cette rédaction vicieuse.

Je pense que le juge qui appliquera l'art. 1070, devra fixer, d'après les circonstances, un délai semblable à celui de l'ordonnance de 1747. La transcription qui aura été faite dans ce délai, produira des effets rétroactifs et sauvegardera les droits des appelés. Le délai de l'ordonnance était de six mois qui couraient du jour du contrat ou de celui de la mort du testateur, selon que la substitution avait été faite dans un contrat ou dans un testament, et qui ne commençaient qu'au jour de l'emploi pour les biens que le grevé acquérait avec les deniers provenant de la substitution.

Les créanciers dont parle l'art. 1070 sont tous les créanciers chirographaires, privilégiés et hypothécaires du grevé.

L'art 1071 renferme une règle spéciale à la matière des substitutions, qui reproduit celle de l'article 33 du titre II de l'ordonnance:

« Le défaut de transcription ne pourra être suppléé, ni regardé comme couvert par la connaissance que les créanciers ou les tiers acquéreurs pourraient avoir eue de la disposition par d'autres voies que celles de la transcription ».

Il faut se garder de généraliser cette règle qui protège des contrats frauduleux.

———

CHAPITRE VII

Considérations sur l'étendue du principe de publicité dans la législation actuelle.

La loi de 1855, comme on a pu le voir, n'est pas une innonvation de nature à se heurter contre l'esprit ou le texte du Code. Bien loin d'en rompre l'harmonie ou la concordance, loin d'en troubler les principes, il semble par toutes les dispositions du Code qu'elle y était attendue, et que sa place y était marquée d'avance. (1) Avec le rétablissement de la transcription, on comprend les termes des articles 1140 et 1583 ; ou explique les articles 2108, 2189 et tant d'autres dispositions qui semblaient écrites en vue de la nécessité de la transcription, disparue du Code, on ne sait comment. La loi de 1855 rétablit le système de publicité des mutations immobilières à peu près tel qu'il était organisé par la loi de brumaire.

Néamoins il y a loin de notre système de publicité à celui qui forme le droit commun de l'Allemagne. Le système allemand, dit M. Valette (2) offre le vrai

(1) Rapport de M. de Belleyme.
(2) V. un art. de M. Valette, dans la Revue du Droit français. Année 1844 p. 83 et suiv.

type de la perfection quant à la perfection des droits
réels immobiliers. Les immeubles y ont vraiment
leur état civil comme les personnes, car c'est aux
fonds de terre et non aux personnes, comme chez
nous, qu'un compte est ouvert. Chaque fonds déli-
mité d'une manière précise doit figurer sur le livre
terrien comme individualité distincte, à laquelle vient
se référer la mention de tous les droits qui la concernent ; sans cette mention, nul ne peut prétendre un
droit réel sur l'immeuble. Aussi le public peut prendre les énonciations contenues aux registres comme
exprimant la situation vraie de la propriété, et être
certain dans toute la portée du mot de celui qui est
inscrit comme propriétaire.

Ce système est sans doute en lui-même supérieur
au nôtre ; mais il semble en France repoussé par
l'opinion, car il n'est en harmonie ni avec les principes de notre droit actuel, ni avec le mécanisme
de nos administrations, ni avec la situation de la
propriété foncière qui subit en France un morcelle-
ment toujours croissant.

Ce ne serait point appeler une réforme aussi ra-
dicale que de demander l'élargissement du système
français. La publicité qui en est la base ne s'applique qu'aux mutations entre-vifs ; ce serait étendre
le principe, mais non le changer que de l'appliquer
à toutes les mutations immobilières : aux partages,
aux successions légitimes. Il y aurait toujours entre
le système allemand et le système français cette

différence profonde, que le premier fait connaître
l'état certain de la propriété, que le second ne ferait
connaître que les mutations sans garantir la certitude des droits ; mais du moins il ferait connaître
toutes les mutations.

Mais une réforme plus légitime et plus rationnelle
encore consisterait à effacer de nos Codes cette distinction de propriété relative et de propriété absolue,
de mutation opérée entre les parties sans l'être à
l'égard des tiers, distinction que l'esprit se refuse à
comprendre et qui jette le doute et l'embarras dans
une foule de questions pratiques. Ne donner à la
convention que la force de créer des obligations,
comme en droit romain, par conséquent exiger la
tradition pour la transmission des meubles, la transcription pour la transmission des immeubles ; cette
dernière formalité ferait dès lors partie intégrante
de la convention et serait un des éléments essentiels
de toute mutation immobilière. On exigerait l'inscription pour tous les privilèges et toutes les hypothèques sans exception, et l'acceptation ou la notifi-
tion pour la transmission des droits incorporels. Ce
serait là un système dont toutes les parties auraient
pour base commune l'idée de publicité et qui présenterait une simplicité toujours désirable.

IMPRIMERIE OUVRIÈRE JEANNE TRAPÉ

POSITIONS

I. — La donation de la possession civile *ad usuca-
pionem* était prohibée entre époux, comme
la donation de la propriété.

II. — Le mariage se formait, à Rome, par le consentement des époux, à la condition que la
femme fût mise, d'une manière quelconque,
à la disposition du mari.

III. — A Rome, la société ne constitue pas une
personnalité civile.

IV. — Les faits et les stipulations, même sous
Justinien, ne pouvaient pas faire naître les
droits réels d'usufruit et de servitude.

ANCIEN DROIT FRANÇAIS

I. — En droit germanique, la saisine était collective.

II. — La tradition par clause de dessaisine-saisine
équipolle à tradition réelle, même au regard
d'un second acquéreur.

III. — Dans le droit germanique, le partage était simplement déclaratif de propriété.

IX. — Les éditions glosées de la loi salique sont plus anciennes que les éditions non glosées.

DROIT CIVIL

I. La vente de la chose d'autrui n'est point inexistante, elle est simplement annulable.

II. — La femme qui a cautionné la vente du bien dotal, n'est point tenue de la garantie sur ses paraphernaux.

III. — La donation entre époux, faite pendant le mariage, est une véritable donation entre-vifs, moins l'irrévocabilité.

IV. — L'assimilation établie par l'art. 900, entre les conditions illicites dans les legs et les conditions illicites dans les donations, est contraire à la vérité juridique.

V. — L'emphytéose ne constitue pas un droit réel.

VI. — Un enfant naturel peut être reconnu après sa mort.

VII. — Le légataire universel n'est pas tenu des dettes de son auteur *ultra vires successionis*.

DROIT CRIMINEL

I. — La tentative n'est pas punissable, lorsque le crime était absolument irréalisable, à raison de l'inexistence de son objet, ou de l'inefficacité des moyens employés. Elle le serait, si l'impossibilité d'atteindre le but criminel n'était que relative.

II. — C'est au jury à prononcer sur les circonstances atténuantes, lorsque l'accusé est mineur de 16 ans, et qu'il est reconnu avoir agi avec discernement.

III. — Après qu'un arrêt, portant peine de mort, a acquis l'autorité de la chose jugée, une loi nouvelle intervenant pour abolir la peine de mort empêcherait l'exécution de l'arrêt prononcé.

IV, — Il n'y a point récidive lorsque l'accusé a été condamné une première fois par un tribunal étranger.

PROCÉDURE CIVILE.

I. — L'exception *judicatum solvi* doit être proposée avant les exceptions d'incompétence ou de nullité.

II. — L'adjudication sur folle-enchère peut être
suivie d'une surenchère, encore que l'adjudication sur saisie aurait été suivie elle-
même d'une surenchère.

III. — Si le défendeur n'a pas été appelé en conci-
liation devant le juge de paix, le tribunal
peut d'office rejeter l'action.

IV. — La possession annale n'est pas nécessaire
pour l'exercice de la réintégrande.

DROIT ADMINISTRATIF.

I. — Les associations syndicales autorisées peuvent emprunter sans une autorisation spéciale.

II. — L'autorisation de plaider donnée à une commune n'emporte pas le droit de se dé-
sister.

III. — Les ventes passées par l'autorité administrative doivent être transcrites.

IV. — Toute réunion de plus de vingt personnes,
organisée dans le but de pratiquer un culte
religieux non reconnu par l'État, nécessite
une autorisation préalable.

DROIT COMMERCIAL

I. — A défaut de consentement du mari, la justice
peut autoriser la femme à faire le commerce.

II. — L'acquéreur de l'immeuble d'un failli peut
transcrire après le jugement de faillite, jusqu'à l'inscription à prendre par le syndic
dans l'intérêt de la masse.

III. — Une société commerciale anonyme formée
à l'étranger peut être actionnée en France.

V. — La faillite résulte de la cessation de paiement des dettes commerciales et non des
dettes civiles.

DROIT DES GENS

I. — Les belligérants doivent avoir le droit d'ar-
mer des corsaires.

II. — Une guerre peut être juste quoiqu'offensive.

III. — L'emploi des balles explosibles n'est pas
permis par les lois de la guerre.

IV. — On ne peut pas obliger (en droit) les habitants d'un pays envahi à fournir des renseignements ou à servir de guides.

ÉCONOMIE POLITIQUE

I. — Le système du libre échange doit être étendu, autant que possible, dans les rapports des divers peuples.

II. — La propriété individuelle, quoique inégale, est seule raisonnable et seule favorable aux intérêts d'une nation.

Le Président de la Thèse,

Louis ARNAULT

Vu par le Doyen,

Toulouse, le 28 Juin 1879.

DUFOUR

Vu et permis d'imprimer :

Le Recteur,

C. CHAPUIS

TABLE DES MATIÈRES

———

DROIT ACTUEL